基金项目：安徽省高校优秀青年人才支持计划重点项目"语言学视阈下李提摩太的西学译述研究"，编号：gxyqZD2016313。
铜陵学院人才科研启动基金项目"晚清来华传教士的西学著译研究"，编号：2016tlxyrc03。

李提摩太
西学著译研究

张 涌◎著

南京大学出版社

序

张 德 让

　　张涌博士从本科到研究生在安徽师范大学求学十载，筚路蓝缕，玉汝于成。本书是他对李提摩太西学著译的专题研究成果，是传教士翻译的一个很有代表性的个案研究，讲述了一个引人入胜的学术故事，塑造了一个生动鲜活的人物形象——乐善好施的传教士、纵横捭阖的政客、博学多产的学者。全书概括了李提摩太在华45年的辉煌成就，尤其聚焦其主笔《时报》时期和执掌广学会并利用会刊《万国公报》进行的西学著译，包括他西学著译的历史背景、阶段历程、模式语言、主题内容和影响评价等，体现了张涌在学术上的明察秋毫，博学善思，自成体系。全书概念清晰，如西学与新学、著译与译述、晚清传教士等，同时视野开阔，文献丰富，梳理细致，剖析了李提摩太西学著译对晚清历史进程和文化转型影响最深的三大主题：政治维新思想、经济图强理念、教育革新意识，提炼出了李提摩太西学著译中"西译中述"的模式、涵化嬗变的语言特征、文以载道的文章学翻译理念等，为进一步研究李提摩太奠定了坚实的基础。

　　20世纪90年代以来，翻译研究的跨学科特色越来越突显。本书研究正是翻译学和历史学的有机结合。张涌既有英语专业、翻译学理论的扎实基础，攻读博士学位又选择了中西文化交流史，努力将两个学科的专业素养融合到李提摩太西学著译的研究中，可谓自然天成。全书搜集

1

梳理了李提摩太西学著译的众多文本及国内外丰富的研究资料,文献综述反映了作者比较扎实的文献查找、鉴别和利用的能力,体现了较好的学术积淀和问题意识。全书研究思路清晰,研究方法恰当,立足文本本身,有机结合翻译学、历史学、传播学、宗教学和社会学的理论知识和研究方法,对李提摩太西学著译进行专题研究,在翻译界难能可贵。全书以史论译,以译衬史,史论相辉,尽可能从正面客观地考察李提摩太"以学辅教"对晚清社会的积极影响,充分肯定了李提摩太译介传播西学,宣传变法革新,为晚清危局下的救国图强建言献策。全书既赞赏李提摩太作为旁观者的合理洞悉,对晚清社会变革、历史进程、文化转型和中西文化交流的贡献巨大,包括语体上催生了国人"白话运动"的萌芽等,也坦言李提摩太人生立场与价值取向的先天局限性,导致其西学著译中的宗教化误释和殖民化误导。

李提摩太集传教士、学者与政客于一身,在从事本职使命的同时积极参与世俗事务,倡导"以学辅教"的文化适应路线,著书立说,西学东渐,成果丰硕,影响深远,在中国晚清翻译史上自然占有重要一席。但近代翻译史对这类人物的专题性研究不多,因此本研究为后续李提摩太翻译研究以及整个传教士群体的翻译研究都有借鉴价值,对拓宽翻译史研究路径有参考意义。在晚清中国波澜壮阔的历史舞台上,这群金发碧眼的外国人构成了一道独特的风景线,他们的西学著译对中国近代历史面貌和进程的影响可谓沦肌浃髓,如果能对他们进行深入的个案研究,传教士翻译这一线索将越来越明晰。微观上有助于梳理他们的思想、译论、翻译策略与方法、翻译特色、社会影响等;宏观上有助于揭示一条不同于本土视角的发展路径,丰富中国翻译史研究,推进晚清西学研究。传教士通过著译进行中西文化交流过程的独特性、多元性、开放性和包容性,为今天翻译史研究留下了丰富的主题,因此本研究还有很多值得后续研究的课题。

中国翻译史研究最近几十年成果丰硕,但参照 Holmes 产品导向研究(product-oriented)、过程导向研究(process-oriented)、功能导向研究(function-oriented)三个方面的描写研究来看,还有很大的提升空间。从产品导向研究来说,译本细读亟待加强,译本对比描述相当缺乏;从过程导向研究来说,体现译者心路历程的各种文献有待梳理,以增强实证;从功能导向研究来说,要增强翻译与外部相关社会历史因素的关系研究,以进行更为客观的评价。这样的"翻译文化"描述研究对传教士和中国士人的合译来说更为复杂。张涌的《李提摩太西学著译研究》一书,在这方面做了有益的尝试。由于叙述的需要,部分章节中的历史文化背景介绍偏多,与李提摩太合作最多的蔡尔康的作用突显不够,同时,与同时代相关传教士的对照研究也有所欠缺,不过这些并不影响我对本研究的充分肯定和高度评价,也期待张涌博士结合学界最新研究成果与更多文本细读,把该研究继续深入下去,争取有新的成果。

　　是为序。

2018 年 3 月 30 日

目　录

绪　论

一、研究意义

　　中国近代史是一部充满屈辱和抗争的历史,也是一部中西文化交流、冲突和融合的历史,在此期间,基督教传教士扮演着重要的角色,不论喜欢还是憎恶,有意还是无意,涉及晚清变局的历史研究都很难忽视他们的存在。基督教(Christianity)是一种信仰一神和天国的宗教,以"上帝"为唯一真神,以《圣经》为唯一经典,其前身是古代犹太教,在近代虽然经历了宗教改革、科学革命和工业革命的冲击,在全球仍然具有广泛的影响。现代基督教主要包括三大宗派:一是历史最悠久、基于罗马教会及各地教区的罗马公教(Catholic Church),意为至一的、至圣的、至公的使徒教会,教会代表为历任教皇,教廷建在梵蒂冈城国,俗称天主教,亦即旧教;二是古罗马帝国分裂时以君士坦丁堡为基地的东部教会,宗教文化保持了早期基督教特色,以君士坦丁堡主教为普世牧首,认可罗马主教为首座主教,但反对首座权,自封为"正宗",因此称为东正教(Orthodox Church);三是16世纪宗教改革后形成的基督新教(Protestant Church),现代新教又特指"大觉醒运动"后产生的系列宗派,是加尔文宗归正思想的延续,拒受教皇绝对权威,反对旧教繁琐教规,又称耶稣教,

1

简称新教。① 基督教传入中国的历史,一般遵从陈垣的"四期说":第一期是唐朝的景教,第二期是元朝的也里可温教,第三期是明清的天主教,第四期是清朝的耶稣教。② 景教意即"光明正大之教",实为早期基督教的聂斯脱利教派(Nestorian),创立于 5 世纪,公元 435 年被宣称为异端后开始流亡,6 世纪进入中国。据《大秦景教流行中国碑》记载,贞观九年(635年)阿罗本(Alopen)到长安传教,三年后唐太宗正式恩准建寺,景教随后发展较快,曾一度"法流十道、寺满百城"③,但由于被误认为是佛教的一支而在武宗灭佛后销声匿迹④。也里可温教(Erkaum)是天主教在华各教派的统称,"也里可温"意即"信上帝的人",他们依附统治阶层而主要在蒙古人、色目人中传教,1289 年朝廷曾专设崇福司管理信徒,但在占人口最多的汉人中几无信徒,又因元朝国祚甚短,也里可温教对中国传统社会文化影响甚微。明清以降天主教传教士不远万里浮槎东来,其中以利玛窦为代表的耶稣会士奉行"以耶补儒"的文化适应策略,掀起了中国翻译史上的第二次翻译高潮⑤,尤其是西方科技著译成果丰硕,后来却因

---

① 目前中国的基督教徒多属于新教徒,故国内俗称的基督教其实指的是新教,或耶稣教,一般男性圣职称为牧师,有别于天主教的神父和东正教的祭司。

② 陈垣:"基督教入华史",载《陈垣学术论文集》,北京:中华书局 1984 年版,第 93 页。

③ 参见顾卫民:《基督教与近代中国社会》,上海:上海人民出版社 2010 年版,第 5 页。

④ 史称"会昌法难"。唐朝后期由于佛教寺院土地不输课税,僧侣免除赋役,佛教寺院经济过分扩张,损害了国库收入,与普通地主也存在着矛盾。唐武宗崇信道教,深恶佛教,会昌元年(841 年)佛道斗法,会昌二年(842 年)开始没收佛教寺院财产,限制僧侣活动,连续数年进行灭佛运动,会昌六年(846 年)武宗死后终止。

⑤ 季羡林先生认为中华文明就像一条长河,它源远流长而又永不枯竭,是因为不断有新水注入。历史上最大的两次是从印度来的水和从西方来的水,而新水注入的途径就是翻译。注入印度来的水,是指中国翻译史上第一次翻译高潮,即佛经翻译。注入西方来的水,包括中国翻译史上第二次翻译高潮(明末清初的西学翻译)和第三次翻译高潮(鸦片战争到"五四"期间的西学翻译)。参见马祖毅等著《中国翻译通史》(古代部分)全一卷,武汉:湖北教育出版社 2006 年版,总概述第 3 页。

"礼仪之争"而被禁教①,也使中国失去了全面学习西学跟上时代步伐的机会。晚清基督新教来华则几乎伴随着帝国主义的殖民扩张,但尽管有坚船利炮为后盾和不平等条约做保护②,传教却屡遭抵制,为此以李提摩太为代表的自由派传教士采取"以学辅教"的文化适应路线,从事开设学校、建立医院、办报办刊、著译西学、鼓吹西政等世俗活动。这些活动客观上激发了中国人"睁眼看世界"的意识,将西学著译的重点从自然科学转移到人文社会科学,为晚清危局建言献策,对近代历史进程和文化转型产生了重要影响。

李提摩太(Timothy Richard,1845—1919)是英国基督新教浸礼会士,从1870年2月怀揣救世热情来到中国时起,到1916年5月返回英国,除去中间两次短暂回国休假外,在华生活工作45年③。作为晚清来华传教士的领军人物,他一方面虔诚宣教,努力救灾,扶危助困,从事着也许可以理解的本职使命;另一方面又积极参与世俗事务,针砭时弊,顾问政局,宣传变法,办学育人,在晚清社会变局中风生水起。熊月之曾评论说,"李提摩太集传教士、学者、政客于一身,传教,译书,办学,进行广泛的政治活动,样样搞得有声有色……与达官显宦的交往之多,与各种政治力量的接触之广,对中国政局的影响之大,那是晚清任何传教士都不能相比的"。④尤其值得称道的是,李提摩太倡导"以学辅教"的文化适应路线,著书立说,西学东渐,积极传播西方科学文化知识,向中国输入了政治维新思想、经济图强理念和教育革新意识。但令他始料未及的是,

---

① "礼仪之争"指17世纪至18世纪西方天主教传教士就中国传统礼仪是否违背天主教义的争议与冲突。狭义而言,这是指康熙与传教士就儒教崇拜引发的争论,教皇克雷芒十一世1704年11月发布禁令,禁止在华传教士参与敬孔祭祖等活动。该禁令引发康熙的强烈反感,开始严厉限制传教士活动,1717年4月16日命令礼部禁止基督教在华传教。直到1939年,罗马教廷才撤销相关禁令。

② 1844年中法《黄埔条约》首次规定了法国人可以在通商口岸建教堂、医院、学房、坟地等,并受清朝政府的保护。此后各列强效仿要求在中国自由传教。

③ 李提摩太有自传 Forty-five Years in China:Reminiscences by Timothy Richard,后由李宪堂、侯林莉翻译成《亲历晚清四十五年——李提摩太在华回忆录》,天津:天津人民出版社2005年版。

④ 熊月之:《西学东渐与晚清社会》,北京:中国人民大学出版社2010年版,第466页。

"以学辅教"的"教"并未如期开花结果,而"学"却插柳成荫。尽管李提摩太西学著译中的"救国良策"有宗教化误释和殖民化误导,但无论基于什么身份或什么样的主观意图,他作为旁观者在晚清中国积贫积弱之际努力通过著译手段,输入了大量西方科学文化知识和社会治理策略,客观上有利于开启民智和厚惠民生,对于推动晚清社会变革做出了无法抹煞的贡献。

李提摩太被众多晚清官吏看作"豪杰之士",其中洋务派称其为"中华良友",维新派颂其为"道德伟人,博爱君子",被清政府赐予头品顶戴和二等双龙宝星并诰封三代的荣典,在晚清社会变局中留下了浓墨重彩的历史印记。然而从 1949 年后直到 20 世纪 80 年代,李提摩太又被描述成"一个典型的为帝国主义服务的传教士"[1],甚至是"一只狡黠的戴着假面具的狐狸,一个凶残的披着美女画皮的魔鬼"[2]。他向中国努力传播的"救国良策"也被视作是居心叵测的文化病毒。20 世纪 80 年代以后学术界对传教士主题的研究渐趋理性化和客观化,越来越多的研究开始从正面考察李提摩太对晚清社会的积极影响。历史是无情的,对历史人物的评价是复杂的,但历史更是不能被忘却的,恰逢李提摩太离开中国 100 年之余,世事沧桑,朽骨飞尘,是非功过,理应评说。

本书研究意义总结如下:

(一)学术理论价值:目前学术界对李提摩太的研究,多关注的是他作为传教士和政客的所作所为,对他的学者及文化使者身份未给予足够的重视,成果不多。本选题研究将在搜集梳理李提摩太西学著译相关史料基础上,立足文本本身,有机结合翻译学、历史学、传播学、宗教学和社会学的理论知识和研究方法,尝试弥补以往研究中对著译模式和语言特征方面的欠缺之处,为此综合探讨李提摩太在华进行西学著译的历史背景、阶段历程、模式语言、主题内容和影响评价,努力实现在跨学科、多视角综合研究中拓宽文化交流史研究的范围和路径。

---

① 丁则良:《李提摩太:一个典型的为帝国主义服务的传教士》,上海:开明书店 1951 年版。
② 李时岳:《李提摩太》,北京:中华书局 1964 年版,第 5 页。

（二）现实参考意义：本选题研究通过探讨李提摩太西学著译的宗教历史转型和晚清社会变局的时代背景，论证李提摩太的文化适应策略和文化使者身份，揭示学术著译具有的文化传播功能，分析西学著译的文本选择和策略模式中突显的中西会通的时代应用性，同时考察中西合作著译模式中译者角色区分的个体能动性，从而可以为中国经典的对外译介提供多选策略借鉴，为"文化走出去"战略提供历史经验和智慧启迪。

二、研究综述

（一）大陆地区研究综述

李提摩太集传教士、政客和学者于一身，对晚清社会变革、历史进程和文化转型的影响可谓沦肌浃髓，一直都是历史学、宗教学、翻译学、社会学和文化传播学等领域的研究热点。笔者以"李提摩太"为关键词搜索中国知网《中国期刊全文数据库》，发现共有近千篇相关研究论文，其中博士学位论文 7 篇，硕士学位论文 59 篇①，成果十分显著。现将历年研究论文统计如下（表一），从中清晰可见李提摩太研究的轨迹和态势。

---

① 以"李提摩太"为关键词搜索到的研究论文，只表示论文涉及李提摩太，并不代表"李提摩太"就一定是论文本身的关键词，如文中所述 7 篇博士论文分别为 2005 年复旦大学孙青的《晚清之"西政"东渐及本土回应——中国近代"政治学"形成的前史研究》、2006 年山西大学王李金的《从山西大学堂到山西大学（1902－1937）——探寻中国近代大学教育创立和发展的轨迹》、2006 年复旦大学何绍斌的《越界与想象——晚清新教传教士译介活动研究》、2007 年吉林大学程丽红的《清代报人研究》、2008 年北京大学张硕的《花之安在华传教活动及其思想研究》、2009 年复旦大学赵中亚的《〈格致汇编〉与中国近代科学启蒙》以及 2011 武汉大学何菊的《传教士与近代中国社会变革：李提摩太在华宗教与社会实践研究（1870－1916）》，但只有程丽红的论文将"李提摩太"列为关键词。

表一:1951－2015 年李提摩太研究论文统计表

发表时间	1951 1960	1961 1980	1981 1985	1986 1990	1991 1995	1996 2000	2001 2005	2006 2010	2011 2015	合计
论文数量	21	11	38	45	57	74	129	270	289	934

资料来源:中国知网《中国期刊全文数据库》

从上表可以看出,除了 20 世纪六七十年代外,李提摩太研究论文呈明显上升趋势,表明其人其事日益受到学术界的重视。现分为 20 世纪 80 年代以前、八九十年代和 21 世纪以来三个阶段,对部分重要研究成果进行具体述评。

由于特定的国情和时代背景,20 世纪 80 年代以前大陆学术界一直视来华传教士为"十字架上的殖民主义毒瘤",对李提摩太也概莫能外,有失公允。丁则良的"马关议和前李提摩太策动李鸿章卖国阴谋的发现"(《历史教学》1951 年第 2 期)和林树惠的"戊戌变法前后英帝在华人员的操纵干涉"(《历史教学》1952 年第 10 期)都把他定性为"帝国主义的帮凶",郭吾真"李提摩太在山西的侵略活动"(《历史教学》1964 年第 4 期)则把他描述成"披着羊皮的狼"。这段时期有两本研究李提摩太的专著。一是丁则良的《李提摩太——一个典型的为帝国主义服务的传教士》(开明书店 1951 年),文本简薄,只评述了李提摩太在甲午战争、戊戌变法、义和团运动和辛亥革命前后的一些政治活动,李提摩太被戴上"侵华急先锋"的帽子。二是李时岳的《李提摩太》(中华书局 1964 年),挖掘了一些新史料,内容包括李提摩太的赈灾宣教、传播西学和参与政治诸方面,总体仍是批判他以乐施好善之名行文化侵略之实,认为他的西学著译活动是一种帝国主义文化侵略。

20 世纪八九十年代,学术界对传教士群体的研究专著增多,评价也渐趋客观全面。顾长声的《传教士与近代中国》(上海人民出版社 1981 年)首开新时期传教士研究之先河,以传教士推行帝国主义的侵略政策为主线,对他们参与军事、外交、政治、慈善和文化教育事业进行了阐述,其中对李提摩太的评论仍集中为殖民主义的帮凶。1982 年 12 月 3 日《人民日报》发表"读《传教士与近代中国》"一文，是官方首次对传教士进行肯定评价，也为其后的传教士研究指引了客观方向。顾长声的另一本著作《从马礼逊到司徒雷登》(上海人民出版社 1985 年)在专章论述李提摩太时，总体上批判之意溢于言表，但也肯定了李提摩太西学著译的进步作用，认为他大量地向中国介绍西方的政治、经济、文化、历史等情况，在客观上对当时中国的知识界和一部分官吏起过程度不等的启蒙作用。徐士瑚的《李提摩太传略》(山西大学出版社 1992 年)对李提摩太生平事迹进行了描述性介绍，但多摆事实，鲜有评论，自称既无涂脂抹粉之意，亦无文过饰非之心。袁伟时的《晚清大变局中的思潮与人物》(海天出版社 1992 年)认为李提摩太推动和参与了具有积极意义的维新变法运动，因而是晚清中国社会进步力量的朋友，进而肯定了李提摩太在中西文化交流中的积极作用，主张对待这样的人物，即使是来华传教士，也绝不应该不问青红皂白地予以谴责。熊月之的《西学东渐与晚清社会》(中国人民大学出版社 1994 年版)对李提摩太做了创新性研究，既能看清李提摩太想把中国变成殖民地的企图，同时也肯定了他在西学传播和维新变法中的重要作用，尤其对他主持广学会期间的西学著译进行了细致梳理并对代表性作品进行了具体介绍。邹振环的《影响中国近代社会的一百种译作》(中国对外翻译公司 1994 年)评论并比较了李提摩太的《大同学》与傅兰雅的《佐治刍言》对自由、民主和平等思想的宣传，剖析了《百年一觉》中的乌托邦梦想。邹著还以前人所言"最乏味的残余与最风行的读物"为副标题评述了《泰西新史揽要》，认为传教士不会主动提供真正医治中国痼疾的良方，但历史运动的结果往往与动机不甚一致。这一时期也有较多研究李提摩太的学术论文。施宣圆、吴树扬的"李提摩太与戊戌变法"(《复旦学报》1988 年第 4 期)指出，究竟如何看待李提摩太在维新运动中的作用影响是近代史研究的一个敏感问题，但又是一个值得直面的研究课题，接着具体讨论了李提摩太在晚清政治变革中的历史贡献。研究这一主题的论文还有雷绍锋的"论戊戌时期的李提摩太"(《江汉论坛》1993 年第 9 期)，郭汉民的"李提摩太来华初期的社会改革思想"

（《湖南师范大学学报》1994 年第 6 期），王立新的"传教士与洋务运动"
（《南开学报》1995 年第 4 期），段晓宏的"李提摩太的社会变革主张对维
新派的影响"（《湘潭师范学院学报》1995 年第 2 期），以及张伟良、姜向
文、林全民的"试论李提摩太在戊戌变法中的作用和影响"（《清华大学学
报》1998 年第 3 期）。从历史学和宗教学视角交叉研究的论文中，论及李
提摩太的有罗志田的"传教士与近代中西文化竞争"（《历史研究》1996 年
第 6 期），夏明方的"论 1876 至 1879 年间西方新教传教士的对华赈济事
业"（《清史研究》1997 年第 2 期）和王立新的"英美传教士与近代中西文
化会通"（《世界宗教研究》1997 年第 2 期）。这一时期开始出现从翻译学
和传播学视角交叉研究李提摩太的论文，如袁荻涌的"论清末政治小说
的译介"（《贵州大学学报》1990 年第 3 期）和刘树森的"李提摩太与《回头
看纪略》——中译美国小说的起源"（《美国研究》1999 年第 1 期）①，视角
新颖，观点明晰，总体描绘了李提摩太"中华良友"的身份特征。

21 世纪以来，学术界对传教士的研究视角更显多样化，研究成果更
加丰硕。2004 年 5 月北京大学曾举办"传教士与翻译：近现代中国与西
方的文化交流（1840－1950）"国际学术研讨会，讨论传教士的翻译活动及
其成果对中西文化交流的影响，从文化传播学视角研究晚清西学著译及
其对社会历史进程的作用。2006 年 11 月北京大学和美国旧金山大学联
合举办"基督教在中国：比较研究的视角与方法"青年学者研讨会，从历
史学、宗教学和比较文学视角探析基督教在中国的传播与影响。这两次
学术会议促成传教士文化使者身份进一步由隐趋显，传教士西学译介研
究蓬勃兴起。杨代春的《〈万国公报〉与晚清中西文化交流》（湖南人民出
版社 2002 年版）和王林的《西学与变法——〈万国公报〉研究》（齐鲁书社
2004 年版）都从传播学视角论及李提摩太著译的《八星之一总论》《救世
教益》《大同学》《新学》《回头看纪略》《新政策》和《生利分利之别论》等重
要著作，肯定了李提摩太西学传播的积极作用，后者还梳理了李提摩太

---

① 《回头看纪略》是李提摩太初刊 *Looking Backward，2000 - 1887* 时的译名，后发行单
行本，改名为《百年一觉》，参见本书第 75 页。

发表在《万国公报》上的文书史料。王立新的《美国传教士与晚清中国现代化:近代基督教新教传教士在华社会、文化与教育活动研究》(天津人民出版社 2007 年版)考察传教士在中国社会从传统向现代转变过程中的作用,既承认传教士传播先进科学文化知识和参与促进中国改革的积极作用,又指出他们试图按照基督教的意志干涉中国的现代化道路,其中多处论及了李提摩太对中国近代教育、洋务运动和戊戌变法的影响与作用,尤其对他的"综合融会说"文化教育观进行了开拓性研究。邹振环的《西方传教士与晚清西史东渐》(上海古籍出版社 2007 年版)考察了《泰西新史揽要》的原本、译本和改编本,分析了李提摩太编译该书的缘由,剖析了该书作为"世纪史"的新内容和新形式。何绍斌的《越界与想象——晚清新教传教士译介史论》(上海三联书店 2008 年版)从翻译学视角讨论了传教士译介活动的内容、影响因素、策略和本土回应等诸多方面,论及李提摩太另一代表性译著《百年一觉》中的创造性叛逆。该书是专以译介为鹄的研究,借译论史,视角新颖,对近期翻译史研究有重要的借鉴参考意义。宋莉华的《传教士汉文小说研究》(上海古籍出版社 2010 年版)从历史学和文学交叉视角论述《回头看纪略》演化成《百年一觉》的历程,指出该书开启了晚清士人写作理想小说的先河。顾卫民的《基督教与近代中国社会》(上海人民出版社 2010 年版)关注了中国社会的内部特点对来华传教士的影响,并以"维新事业的同道者"介绍过李提摩太,比较客观地论述了李提摩太与维新运动的关系。何菊的《传教士与近代中国社会变革:李提摩太在华宗教与社会实践研究(1870－1916)》(中国社会科学出版社 2014 年版)以李提摩太为例,运用社会学的理论方法考察传教士与近代中国社会变革的关系,认为李提摩太一方面将外部世界的要素带入中国社会,使之与中国内部的变革要素相结合,另一方面因为身处中国社会之中又使自己成为中国社会变革的一种内部力量。这些专著资料宏富,史论相辉,评述深入,学术价值丰厚,但除何著外,由于追求论述传教士群体全貌,对李提摩太的研究不够全面,有的只算泛泛而谈。

这一时期研究李提摩太的学术论文陡增。以变法维新为主题的有孙邦华的"李提摩太与广学会"(《江苏社会科学》2000 年第 4 期)及李海红的"李提摩太在《万国公报》上的变法思想"(《西南交通大学学报》2003年第6期)等。以赈灾传教为主题的论文有王一普的"试析李提摩太的传教策略及其特点"(《历史教学》2009年第5期),赵英霞的"'丁戊奇荒'与教会救灾——以山西为中心"(《历史档案》2005年第3期),高鹏程、池子华的"李提摩太在'丁戊奇荒'时期的赈灾活动"(《社会科学》2006年第11期),李海红的"试析李提摩太的基督教思想——以其在《万国公报》上的言论为例"(《安徽史学》2006年第6期),张大海的"互动与博弈——李提摩太'丁戊奇荒'青州赈灾分析"(《宗教学研究》2010年第1期),以及许艳民的"'丁戊'赈灾对李提摩太传教方式的影响"(《汕头大学学报》2011年第1期)等。以教育革新为主题的有史降云、申国昌的"李提摩太与山西大学堂"(《山西师大学报》2006年第4期),以及王李金、段彪瑞的"李提摩太的教育主张及参与创建山西大学堂的实践"(《高等教育研究》2011年第3期)等。以西学著译传播为主题的论文有刘雅军的"李提摩太与《泰西新史揽要》的译介"(《河北师范大学学报》2004年第6期),张绍军、徐娟的"文化传播和文化增值——以《泰西新史揽要》在晚清社会的传播为例"(《东方论丛》2005年第4期),陈绍波、刘中猛的"李提摩太与《泰西新史揽要》"(《沧桑》2006年第4期),以及何绍斌的"从《百年一觉》看晚清传教士的文学译介活动"(《中国比较文学》2008年第4期)。另外,近年来还有数十篇专以李提摩太为研究对象的硕士学位论文,研究视角涉及历史学、宗教学、传播学、翻译学和教育学等,大多数论文视角新颖,学科交叉,分析客观,论证了李提摩太不仅是传教士和政客,更是西学著译和文化传播的学者。

(二)台湾地区研究综述

台湾地区对李提摩太的研究也有一定成果。姚崧龄的《影响我国维新的几个外国人》(传记文学出版社1971年版)以传记形式介绍过李提摩太西学传播对维新变法的推动作用。胡光漉的《影响中国现代化的一百洋客》(传记文学出版社1983年版)肯定了李提摩太的历史功绩,称赞他虽为客卿地位,却敦劝变法维新以御外侮而图自存,并认为虽然"戊戌变法"事败垂成,但经李提摩太与康、梁等人的鼓吹,为后来的革命运动助添了力量,因而也算功不可没。李志刚编的《基督教与近代中国文化论文集》(宇宙光出版社 1989 年版)中论文"戴德生与李提摩太宣教方式之比较"和"广学会之发展与中国时局转变之关系"分别研究过李提摩太的传教士和政客身份。王树槐的《外人与戊戌变法》(上海书店出版社 1998 年版)指出了李提摩太殖民中国的幻想,同时探讨了他参与维新变法及其对晚清社会的冲击影响。

(三)国外研究综述

由于李提摩太的"正统"身份是新教传教士,国外相关研究基本立足于他传教、赈灾和参与政局等"匡时救世"活动,如 Benjamin Reeve 的专著 *Timothy Richard*：*China Missionary*，*Statesman and Reformer* (S. W. Partyidge & Co. Ltd., 1911)和 Edward W. P. Evans 的专著 *Timothy Richard*：*A Narrative of Christian Enterprise and Statesmanship in China* (Garey Press, 1945) 都介绍了李提摩太作为传教士和政治家在华活动的具体轨迹与历史贡献,多是溢美之词。William Soothill 编著的 *Timothy Richard of China*：*Seer*，*Statesman*，*Missionary & the Most Disinterested Adviser the Chinese Had* (London Seeley Service, 1924)梳理了李提摩太的在华经历,类似李提摩太传记,重描述,轻评议,后由关志远等译成《李提摩太在中国》(广西师范大学出版社 2007 年)。1952 年华人学者钱存训在芝加哥大学图书馆学院完成硕士论文"Western Impact on China through Translation",整理后发表于 *The Far Eastern Quarterly* (《远东季刊》1954 年第 3 期),后译成"近代译书对中国现代化的影响"发表于《文献》(1986 年第 2 期),其中第二节《新教传教士与译书》和第三节《政府和私人的译书机构》都对李提摩太的译书作了历程梳理介绍和文本统计分析。Bohr Paul Richard 的专著 *Famine in China and the Missionary*：*Timothy Richard as Relief Administrator and Advocate of*

National Reform，*1876 － 1884*，(Harvard University Press，1972)介绍了李提摩太在"丁戊奇荒"中的赈灾事迹和其后的改革主张，评价较为真实客观。美国历史学家、汉学家费正清（John Fairbank）的专著 *The Missionary Enterprise in China and America*（Harvard University Press，1974)论及了李提摩太在中国的传教事业，肯定了他对晚清社会变革的推动作用。费正清主编的《剑桥中国晚清史》（中国社会科学出版社 1985 年版）上卷第十一章《1900 年以前的基督教传教活动及其影响》（保罗·科恩著)在传教方式、促进西学、参与变法等方面论及李提摩太，下卷第五章《思想的变化和维新运动，1890—1898 年》（张灏著)肯定了李提摩太在主持广学会期间《万国公报》对于维新时期思想激荡的贡献。最近则有 Johnson Eunice 的新著 *Timothy Richard's Vision：Education and Reform in China*，*1880 － 1910* (Pickwick Publications, 2014) 探讨了李提摩太的教育革新思想以及创建新式学堂（山西大学堂）的实践努力，肯定了他在废除科举和提倡新学中的作用。

综观以上论述可以看出，目前学术界对李提摩太的研究存在两个趋势。一是有关李提摩太研究的主题内容从片面趋向立体，对他的评价从偏颇趋向客观。二是研究视角从历史学、宗教学和社会学扩大至语言翻译学和文化传播学，由单学科趋向跨学科，不同视角的专题性研究增多。20 世纪 80 年代以前的研究简单地将他冠以"侵华急先锋"，之后二十年的研究多以他探寻"救国良策"为主线阐明其是中国益友，论证他在晚清社会变局中的历史贡献。21 世纪以来以西学著译和文化传播为主题的论文明显增多，研究已不再囿于宏观综述，立足微观文本的考察越来越受重视，论证了李提摩太的"文化使者"身份。

近三十年来学术界对李提摩太西学著译的研究方兴未艾，取得了丰硕的研究成果，但仍有不足之处。一是关于李提摩太西学著译的史料挖掘还有较大缺门，原始文本有待进一步梳理。尽管熊月之和王林等人的著作里列举了李提摩太著译的主要文本，但除《泰西新史揽要》和《百年一觉》外，对其他文本只是简单介绍，有的只闻题名，不知内容，还有的从未见诸报端，导致相关研究付之阙如或浅尝辄止。二是研究成果基本集中在历史学、宗教学和社会学领域,多是宏观描述西学著译的历史背景和社会影响,较少有立足文本的诸如著译模式和语言特征的微观研究。西学著译属于文化传播和交流,文化是语言的土壤,语言是文化的载体,两者相互写照,文化交流史研究不能脱离文本泛泛而谈。三是研究成果相对零散,对西学著译未形成系统性的综合分析。笔者多方查询,近三十年来专以李提摩太为研究对象的专著仅一部(上述何菊著作),主要立足于宗教学和社会学视角,未见以语言翻译学和文化传播学为主要视角聚焦李提摩太西学著译的专题研究,可见学术界的相关研究与他的著译活动对中国社会的影响在深度和广度上都远不对称。鉴于此以及题旨和篇幅所限,本书将尽量少触及李提摩太在赈灾传教和参与政治方面的活动,而着重研究李提摩太西学著译的历史背景、阶段历程、策略模式、语言特征、主题内容、社会影响和现实评价等层面,亦即研究他的学者及文化使者身份。

三、研究思路与方法

(一)研究思路

本书将首先收集梳理李提摩太西学著译的相关原始文本、前人著述、书目索引等史料文献,总结学术界已有研究成果的优劣得失,在此基础上,立足李提摩太西学著译的主要文本,以翻译学为主要视角,结合历史学、传播学、宗教学、社会学等多学科知识,以著译文本细读和历史文化描述为主线,对李提摩太的西学著译进行系统梳理和专题研究,主要探讨其西学著译的历史背景、阶段历程、策略模式、主题内容和影响评价等五个方面的内容。

（二）研究方法

综合运用翻译学、历史学、传播学、宗教学和社会学等学科的理论知识与研究方法，力求做到宏观与微观、综合与个案、历时与共时相结合。

运用翻译学、历史学和宗教学研究方法，具体包括文献研究法、统计分析法和描写法，阐述李提摩太西学著译的历史背景、历程分界和阶段成果。

运用翻译学和传播学研究方法，具体包括个案研究法、理论抽象法和对比法，分析李提摩太西学著译的策略模式和语言特征，注重原作和译本的比较。

运用翻译学、历史学和社会学研究方法，具体包括文献研究法、个案研究法和归纳法，探讨李提摩太西学著译的主题内容、本土回应、影响评价和现实反思。

四、相关概念界定

（一）"西学"

"西学"顾名思义就是来自西方世界的学问，但在近代中国并无统一名称。早在明清之际就有"西学"之名，以其入书名的如艾儒略的《西学凡》（1623）和高一志的《修身西学》（1630）等，另外米家穗在《西方答问·序》（1637）中言："予不敏，窃谓吾儒之学得西学而益明，西学诸书有此册而益备也，学者因其不同以求其同，其于儒家、西学思过半矣。"[①]但在鸦片战争之前，夜郎自大的"夷夏之辨"还是使得时人将西来之学概括为

---

① 徐宗泽：《明清间耶稣会士译著提要》，北京：中华书局1989年，第235页。

"夷学",以对应夷商、夷船、夷炮、夷技、夷语和夷事等术语,轻蔑之意溢于言表。两次鸦片战争之后,一批有识之士对西方逐渐有了理性客观认识,同时有关条约禁止使用汉字"夷"[①],自此西方科学文化被广泛称呼为"西学",如冯桂芬《校邠庐抗议》(1861)中的《采西学议》,郑观应《盛世危言》(1894)中的《西学》,梁启超的《西学书目表》(1896),以及容闳的《西学东渐记》(1909)等,以"西"对"中",不褒不贬。

19 世纪后期,"新学"一词始见报端,如李提摩太著《七国新学备要》(简称《新学》)(1889)和林乐知编《新学汇编》(1898),张之洞在《劝学篇》(1898)中解释"中体西用"的原话也是"旧学为体,新学为用",沈兆祎则编有《新学书目提要》(1904),但以"新"对"旧",价值判断色彩未免二元对立。另外也有学者认为"新学"并非"西学",而是传统中学在融合会通西学之后形成的近代民族之学[②]。故本书选用"西学",基于"西"乃中性的方位之词,也认为中西文化只有姹紫嫣红之别,没有高低优劣之分。另外,广义的"西学"应该是囊括西方整个科学文化体系,涉及所有自然科学和人文社会科学,而晚清时期狭义的"西学"不过是坚船利炮或富国强兵的科学技术知识,本文则取广义西学概念。

(二)"著译"与"译述"

晚清传教士历经千辛万险浮槎东来,传播宗教是目的,西学著译是手段,文化交流是结果。本书所述"著译"用作动词,"著"概指编著,"译"概指翻译。李提摩太西学著译的很多作品是编著的,有的是全球主要国家国情介绍,有的是时事新闻评论,有的是世界名人传记,有的是上书清政府的策论文稿,但多需借助华人来遣词造句,因而存在意义的转换和语言的重构。另外这些编著作品的内容多为当时中国人闻所未闻的西

---

① 1858 年中英《天津条约》第五十一款明确规定:"嗣后各式公文,无论京外,内叙大英国官民,自不得提书夷字。"

② 喻大华:"晚清文化保守思潮与'近代文化'的构建",载《天津社会科学》,2001 年第 2 期,第 97—101 页。

方科学技术和文化知识,因而包含一定程度的翻译成分,毕竟翻译的本质就是解释①。因此,"著译"既可分开理解,也可看作一个整体。"译述"一词,是"西译中述"翻译模式的简称,即西人口译大意,华士笔述成文,以述补译,由述达意,是早期缺乏专业译才时的一种合译模式。如晚清著名翻译家林纾的译述,他虽饱读诗书,博览精研,但自己并不懂外文,却成功地采用此模式与王寿昌、魏易、曾宗巩、陈家麟和毛文钟等人进行合译,翻译世界名著 40 余部,可谓成果斐然,"他夙以译述泰西小说寓其改良社会、激动人心之雅志"②。根据原作和译本的完整性对应程度,翻译可以分为全译和变译。全译力求保全原作的内容和形式,理想的全译作品应是将原文信息逐句逐段不加改动地再现出来,变译则不囿于原作,译者可以根据读者的特殊需求采用扩充、取舍、浓缩、阐释、补充、合并、改造等变通手段摄取原作的中心内容或部分内容。③ 故通常所说的译述、译介、译写、节译、改译、编译等都属于变译范畴,其特征就是译本和原作不完全对等,根据翻译目的需要,只译其主旨或大意。总之,本文所指"著译"夹杂编著和翻译两层意思,这种表述与目前史学界对该类作品的通行称呼基本一致,如朱维铮的《利玛窦中文著译集》(复旦大学出版社 2007 年版)和王世家、止庵的《鲁迅著译编年全集》(人民出版社 2009 年版)。另外,晚清时期传教士的众多著译作品篇幅较短,有的只是一篇文章而已,和现今意义上的著作或译作概念还是有一定差别的。

---

① 参见邵宏:"翻译——对外来文化的阐释",载《中国翻译》,1987 年第 6 期,第 7—9 页;陈建中:"翻译即阐释——《名实论》之名与实",载《外语与外语教学》,1997 年第 6 期,第 42—46 页;朱建平:"翻译即解释:对翻译的重新界定——哲学诠释学的翻译观",载《解放军外国语学院学报》,2006 年第 2 期,第 69—74 页;刘微:"翻译与解释——劳伦斯·韦努蒂访谈录",载《中国翻译》,2013 年第 6 期,第 46—49 页。

② 陈熙绩:"歇洛克奇案开场·序",载(英)柯南道尔著,林纾、魏易译:《歇洛克奇案开场》,上海:商务印书馆 1908 年。

③ 黄忠廉:"变译(翻译变体)论",载《外语学刊》,1999 年第 3 期,第 80—83 页。

（三）"晚清传教士"

在历史学领域，1840 年第一次鸦片战争是中国近代史的开端，晚清即指此后到 1911 年辛亥革命推翻清王朝统治的前后约 70 年，也是近代中国半殖民地半封建社会的形成时期。但为表述方便，根据基督教来华的阶段区分和宗派差别，本文使用"晚清传教士"笼统指代 19 世纪初以来的入华新教传教士（Protestant Missionary）。马礼逊（Robert Morrison, 1782—1834）是新教来华第一人，1807 年到达中国，继承了明清之际天主教耶稣会士的文化适应路线，开创了后来李提摩太等传教士坚持的"以学辅教"策略，如此算来，"晚清传教士"在华时间长达 100 年有余。另外，新教传教士又分自由派和基要派①，前者与天主教徒相似，采用传统的"直接布道"方式传教，即耶稣及其使徒们所使用的方法，如巡回宣讲、散发印刷品等；后者采用"间接布道"方式传教，如办学、办报等。自由派传教士在西学著译过程中发挥了主导作用，若不做特别说明，本文所说"晚清传教士"特指新教来华自由派传教士。

---

① 参见王立新：《美国传教士与晚清中国现代化》，天津：天津人民出版社 2007 年版，第 17—33 页。

第一章　李提摩太西学著译的历史背景

　　李提摩太的"正统"身份是新教浸礼会来华传教士,他在宗教复兴运动的潮流中,不远万里浮槎东来,自是心怀将天国的种子撒播至外邦的虔诚梦想和神圣使命,只是这种伴随殖民扩张的传教事业屡遭挫折,教案不断,迫使他采取文化适应路线,进行"以学辅教",这是李提摩太进行西学著译的外部原因。晚清中国外有两次鸦片战争、俄国强占大片国土、甲午战争和八国联军侵华等外侮,被迫割地赔款,丧权辱国;内有太平天国运动、捻军起义和义和团运动等内患,尽管带有反封建或反帝的正义色彩,但对社会稳定和生产力的破坏不言而喻。外辱内忧,国势日衰,折射出传统封建文化的落后和迂腐,致使有识之士"睁眼看世界",转向西学寻求"救国良策",这是李提摩太进行西学著译的内在原因。这种宏观社会历史背景下的内外需求,促使李提摩太完成由传教士到政客和学者的文化身份转变,给晚清中国留下了深刻的历史印记。

第一节　宗教历史转型

一、基督新教的诞生与时代特征

(一)基督新教的诞生

基督教为犹太的拿撒勒人耶稣在古罗马的巴勒斯坦省(现今以色列、巴勒斯坦和约旦地区)建立,信仰表述以《圣经》为核心蓝本,以历代使徒、教会、公会等形成的信仰文件为载体,内容非常丰富,基础是耶稣基督的诞生、传道、死亡与复活,根本律法为爱上帝和爱人如己。公元495年,罗马帝国分裂为东西两部,西派教会以罗马为中心形成天主教传统;东派教会以君士坦丁堡为中心,形成正教传统。1054年东西两派教会正式分裂,西派自称公教即天主教,随着西罗马亡国而进入漫长的中世纪基督教发展阶段;东派自称正教即东正教,逐渐分化为俄罗斯正教会、君士坦丁正教会、希腊正教会等15个相互独立的自主教会。

基督教会与欧洲各国政权之间争权夺利,矛盾重重,尤其天主教区的德国成为教皇横征暴敛的对象,经济发展滞后于欧洲其他主要国家,国内诸侯各自为政无法统一,不同阶层的反抗情绪不断积累。教阶制度也使得教会内部出现分化,教皇及高级神职人员享有特权而成为利益既得者,低级教士和普通教徒收入微薄甚至生活穷苦,他们也要求对教会进行改革。同时14世纪以来兴起的突出人文主义的欧洲文艺复兴运动传至德国,思想家们开始陆续抨击教会的虚伪腐化,沉重打击了天主教的神学权威。1517年,神学家马丁·路德(Martin Luther,1483—1546)在维滕贝格教堂门上贴出《九十五条论纲》,揭开了宗教改革的序幕,引发了由数位基督徒学者和领袖所领导的更深入的运动,包括乌尔里希·茨温利(Ulrich Zwingli,1484—1531)和约翰·加尔文(John Calvin,1509—

1564),他们都纷纷著书立说,极力否定教会特权,反对教阶制度,将宗教信仰由一个国家政治问题变成了个人生活问题,在宗教上确立了世俗权力的合法性与权威性,在欧洲掀起了又一次深刻的思想革命。这些新教会与罗马旧教会形成对立,并因抗议旧教会禁令而被称为抗议宗(protestantism),由此新教进入历史舞台。

(二)新教的时代特征

1. 新教具有现代性

16 世纪宗教改革后形成的基督新教提倡批判意识和怀疑精神,支持对理性主义的尊重和对异端思想的宽容,重新唤醒古典时期的人文思想,尽管他们认为这种思想是由上帝触动启发的。尤其是宗教宽容具有划时代意义,它突破了宗教神学的基本范畴,渗透到社会生活的方方面面,最重要的是对思想信仰的宽容,容许甚至鼓励他者表达不同的传统观点或时代理念。一方面,新教促进了作为西方民主政治基础的自由主义的兴起,适应了新兴资产阶级的需要,为自由、平等、民主和人权等观念提供了思想基础。"如果没有给近代资本主义思想奠定基础的加尔文的宗教改革,就不会看到一只手捧着圣经,一只手拨弄着算盘的那些作为近代商人而自由活跃的人们。"[①]另一方面,新教实现了宗教与近代科学的调和。宗教世界观和科学世界观是对立的,日心说、进化论等都超越了《圣经》的知识体系,与传统神学教条格格不入,导致中世纪宗教异端裁判所对自然科学研究人员进行残酷迫害,阻碍了自然科学的发展进程。然而,对立的事物之间有时又有千丝万缕的内在联系,甚至两者惊人地相辅相成,"科学没有宗教会导致人的自私和道德败坏;而宗教没有科学也常常会导致人的心胸狭窄和迷信,真正的宗教与真正的科学是互不排斥的,它们就像一对孪生子——从天堂里来的两个天使,充满光明、生命和欢乐来祝福人类"。[②]从哥白尼、开普勒、伽利略、牛顿、爱迪生、居

---

① (日)汤浅光朝著,张利华译:《解说科学文化史年表》,北京:科学普及出版社 1984 年版,第 45 页。

② 《广学会年报》(1897 年),载《出版史料》,1991 年第 2 期。

里夫人到爱因斯坦等,他们既是伟大的科学家,又是虔诚的基督教徒,有的本身就是神父,他们认为上帝创造世界是有章可循的,而认识自然规律就是信徒对上帝应尽的天职,开普勒就说过天文学家是"上帝传达自然之书的牧师"①。顺应时代潮流而诞生的新教理性地将自然界的法则看作是上帝法则的显现,故而欣然接受了许多科学新知识和新观念,美国著名科学史家罗伯特·默顿(Robert Merton)就认为,"与天主教不同,它(基督新教)逐渐表现出对科学的宽容,它不仅容忍而且需要科学事业的存在。'赞颂上帝'是一个'有弹性的概念',天主教和新教对此的定义是如此根本不同,以致产生出完全相反的结果,因而'赞颂上帝'到了清教徒手里就成了'科学多产'。"②但是,基督新教对科学的宽容和调和自然也是有一定限度的,在面对现代化潮流和东方异族的科学文化时,它的保守性还时常表现为自负、狭隘和傲慢,致使在海外传教中屡遭抵制,教案冲突不断。

2. 新教趋向世俗化

宗教改革是一场神圣的世俗化运动,路德宗就宣称信仰的唯一源泉是《圣经》而非教廷,宗教活动的重心是个人而非教会,因此它否定教会特权,反对教阶制度,恢复了原始基督教提倡的人人生而平等的观念,逐渐以人本主义思想代替传统的神本主义思想,预示着神权时代的结束,而人权意识越来越强,人权时代姗姗而来。基督新教有别于旧教的另一个核心教义认为:上帝并不提倡超越世俗道德,反对将苦修的禁欲主义作为信徒的唯一生活范式,而是应允并鼓励信徒完成上帝预设的现世责任,这样日常的世俗活动也就具有了宗教意义。③ 17世纪以来,西方社会在资本主义经济蓬勃发展的同时,也出现了严重的贫富分化问题,社会

---

① (荷)霍伊卡著,丘仲辉、钱福庭译:《宗教与现代科学的兴起》,成都:四川人民出版社1991年版,第126页。

② (美)罗伯特·默顿著,范岱年译:《十七世纪英国的科学、技术与社会》,北京:商务印书馆2000年版,第126页。

③ (德)马克斯·韦伯著,于晓等译:《新教伦理与资本主义精神》,北京:生活·读书·新知三联书店1987年版,第59页。

矛盾和阶级矛盾都日益突出,建立一个公平、正义、民主、富裕的社会成为基督教的现实需要,基督教对社会的理想主义预设蓝图成为各国社会改革的一个重要思想基础。

社会福音运动也因运而起,认为仅仅宣扬个人救赎的福音是不够的,还应该宣扬社会改造的福音,鼓励信徒积极参与教育、慈善和社会改良等世俗活动,消除工业社会的弊端,在现实的人世间建立"上帝之国",实现整个社会的救赎。可见,新教总的趋势是更加关注现实主义的世俗化社会,正如乔治·穆尔所说,基督教总的趋势是在向实用的或社会化的基督教发展[①]。

3. 新教伴随着殖民扩张

近代基督教的海外传播有赖于西方的贸易输出和殖民扩张,反过来又为其提供知识、精神、道德和法理上的支持,两者息息相关,相互依存。自18世纪以来,传教士"为基督征服全世界"往往是殖民活动的前奏,或者与殖民扩张同步进行。马礼逊作为新教来华第一人,翻译《圣经》,编纂词典,创办学校,样样都成绩斐然,但从未离开英国殖民政府的支持,他对于东印度公司从事的鸦片贸易等罪恶殖民活动也很少进行评论。裨治文(Elijah Coleman Bridgman,1801—1861)则是美国传教士来华第一人,推动建立"中国益智会"和"马礼逊教育协会",开设博济医院,创办《澳门月报》,均由从事鸦片贸易的商人提供资助,甚至聘请外商作为相关机构会长或司库等,他还积极参与中美《望厦条约》的签订,签约美方代表顾盛(Caleb Cushing,1800—1879)坦言:

> 在同中国的后期谈判中,美国传教士们,尤其是裨治文先生和伯驾先生,提供了最重要也是最不可或缺的帮助。他们具备他人所没有的汉语知识,这使他们能够承担起使团的翻译工作。同时,他们对中国和中国人的切身了解使他们成为出色的顾问。他们的高尚

---

① (英)乔治·穆尔:《基督教简史》,福建师范大学外语系编译室译,北京:商务印书馆1981年版,第302页。

　　人格为我们的使命增加了分量及道德力量。事实证明,他们给我们的帮助将为美利坚合众国带来巨大的力量。①

　　传教活动既需要贸易掠夺积聚的巨额财富作为经济基础,以保障传教士从事各种世俗活动的经费来源,同时也需要通过殖民战争获得政治和军事方面的保护,如在中国鸦片战争后签订的《南京条约》善后章程中规定外国人自由出入通商口岸,《天津条约》则直接写明要确保传教自由。美国传教士雅裨理(David Abeel,1804—1846)认为鸦片战争是"上帝用来打开中国大门的手段","必须派遣传教士到中华帝国,进入每一个可以进得去的地方,包括中国沿海每一个可以通商的市场。海岸必须侵入,海港必须进去,这是因为过去是、现在仍然是受着大无畏的商业精神所驱使,这一条通路必须搜寻出来,每一个可以据守的阵地必须占领"。②殖民活动的野蛮性和侵略性不可避免会引起指责和抵抗,这时宗教就为之缝制了一件华丽的外衣,把殖民扩张美化成上帝委托的神圣使命,是为上帝扩大领地和荣耀,是向未开化的蛮民传播上帝福音,如在美国对印第安人的驱逐和杀戮被描述成向落后民族传播先进文明,尤其使得清教徒的使命观逐渐演变成国家使命观,融入国家理想和民众信念之中。这种世俗化的使命意识与种族优越论相结合,为西方的殖民扩张提供了正当性和合法性的理论基础:对落后民族的征服是上帝的旨意,也就是信徒的天职。郭嵩焘曾说:"夷人之于中国交涉者,一曰商、一曰教、一曰兵,三者相倚以行而各异用……屈抑其教,必求以兵,胁之兵不得,商人之助其费。"③人们也通常用基督教(Christianity)、商贸(Commerce)和文明(Civilization)这三个 C 来描述殖民主义,将近代西方的宗教、政治、经济和文化等会通一体。

---

　　① 雷敦智著,尹文娟译:《千禧年的感召:美国第一位来华传教士裨治文传》,桂林:广西师范大学出版社 2008 年版,第 203—205 页。
　　② Benson L. Grayson (ed.), *The American Image of China*, pp. 78—83.
　　③ 郭嵩焘:"与曾中丞书",载《养知书屋文集》,卷 11,光绪年间刊本。

二、宗教复兴运动与海外传教

17世纪以来欧美宗教界面临种种困难使得基督教需要向外扩张。启蒙运动、圣经批判学和进化论等高扬理性大旗,使得启示、神迹等许多基督教义遭到批判和冲击,只剩下道德一项勉强支撑。同时工业革命极大地提高了生产力,积累了物质财富,人类的创造力充分显示出来,促使民众认为生活的改善不是靠上帝的恩宠,而是靠自己的双手,从而对上帝的敬畏转向对人类的崇拜,致使西方社会一度"灵性上死气沉沉……绝大部分人都毫无宗教热情。"[①]1799年美国公理会召开年度会议,列举了基督教陷入困境的种种表现,如信徒的道德堕落、怀疑精神的盛行、对福音的蔑视以及参加礼拜人数的减少等,会议呼吁必须复兴原始基督教的教义和仪式以重新赢得民众对基督的皈依。[②]

为了激发指向民众内心的信仰热情,虔诚的信徒们发起了一系列宗教复兴运动,包括1730—1760年间北美地区的信徒大觉醒运动、卫斯理宗运动、18世纪末席卷英美各地的奋兴运动和第二次大觉醒运动,提倡福音主义,主张藉福音改造教会。由于这种复兴运动的目的是增强信徒对宗教的情感,因此在过程中尽量淡化信仰,将不同宗派间教义分歧搁置一边,唯一注重的只是倡导信徒接受和体验福音,进而去传播福音。宗教复兴运动将基督教信仰还原为最基本的内容,尤其鼓励信徒承担教牧的责任,直接根据教区民众的实际物质和精神需要,采用巡回布道的方式,将是否满足教众的现实需求当作传道成败的基本准绳,而无须顾虑对教会的神学与属灵传统的继承与效忠问题。

查尔斯·芬尼(Charles Finney)认为,耶稣是为世界各地的有罪之人而牺牲的,因此世间所有的人都有可能得到上帝的救赎,只要人们能够

---

① 杨真:《基督教史纲》(上),北京:生活·读书·新知三联书店1979年版,第438页。

② Olive Wendell Elsbree. *The rise of the Missionary Spirit in America:1790 – 1815*, William Sport Printing & Binding Co., 1928, p. 87.

有机会阅读《圣经》或者聆听到传教士撒播的福音。威廉·米勒(William Miller)的基督复临论宣称,基督不久将再次来到人间,建立理想的千年王国,罪人将受到惩罚,信徒将得到永生,为了迎接基督的复临,信徒必须引导他人信奉上帝,弘扬基督精神,改造罪恶的世界。这些理论都给新教注入了志愿精神和传教热情,众多信徒自发地组成各个志愿共同体,他们接受传统的末日论,但强调不能消极等待末日的来临,而是要积极组织开展传教活动,尽可能拯救更多的灵魂,撒播基督对全人类的爱。这种传教热情与西方的殖民扩张结合在一起,促成了基督教海外传教的新一轮高潮。1792年威廉·凯里(William Garey)创立了英国新教浸信会(Baptist Missionary Society),随后就派出众多传教士到印度等东方各地传教。1795年,伦敦布道会(London Missionary Society)由英国国教会、长老会和公理会合并而成立,次年就派出大批传教士到东南亚和南太平洋诸岛传教,马礼逊就属于该会。1810年美国公理会成立,1812年开始派遣传教士向东方传教,其中裨治文于1830年2月抵达澳门,成为美国新教最早来华的传教士。据统计,从1807年马礼逊抵达澳门算起,19世纪上叶来华新教差会共计19个,而在1830年到1905年间,仅美国来华新教差会就达35个,传教士增至数百人,而受餐信徒则数以万计,传教事业取得一定的成果。①

三、来华自由派传教士的"以学辅教"

自"礼仪之争"导致康熙1717年禁教之后,基督教在中国被视为居心叵测的邪教异端,传教士便是招摇拐骗危害社会的诡辩之徒。马礼逊刚来广州时都不敢公开露面,只是躲在美国商馆里一边学习中文,一边筹划传教工作,直到两年后被聘为东印度公司翻译才取得合法居留权。19

---

① 关于19世纪上叶来华传教士的情况,参见吴义雄:《在宗教与世俗之间——基督教新教传教士在华南沿海的早期活动研究》,广州:广东教育出版社2000年版。对中后期的情况统计,参见王立新:《美国传教士与晚清中国现代化》,天津:天津人民出版社1997年版。

世纪早期传教士多跟随走私商船偷渡入境,有的直接参与了侵略战争而成为"殖民主义的先锋和帝国主义的帮凶",加上基督教本身自诩的普世性和由此产生的排他性,因此引起了中国民众的普遍抵制,即使在鸦片战争后,传教有坚船利炮为后盾和不平等条约做保护,禁教令也早已解除,但各地教案依然不断,在华传教遇到了诸多困阻。

部分传教士通过观察和调查意识到,传教的最大障碍是中国民众的思想意识而不是朝廷的政策,根源则是中西文化的不同,为此要实现中国福音化,就必须用西方先进文化改造中国传统文化,创造一种有利于传教的社会文化大环境。他们采取"间接布道"的方式,积极参与世俗事务,广泛开展新闻、出版、教育和社会改革等活动,一般被称为自由派,以广学会总干事李提摩太和《万国公报》主编林乐知为代表人物。而以内地会创始人戴德生为代表的基要派主要采取"直接布道"方式,即通过修建教堂、巡回布道、散发宗教印刷品和宣讲教义等传统方式布施传道。当然就有些传教士而言并无绝对的派别之分。自由派传教士强调上帝的内在性,重视现世今生,认为物质需要与属灵需要同样重要,坚信通过渐进的传道和救世可以在人间建立"上帝之国"。李提摩太认为"上帝之国不仅建在人心里,也建在人世间的一切机构里,灵魂与肉体,现在和未来都要拯救,而努力地改善这个现实世界的人将会得到永远的祝福"。[①]

李提摩太主持的广学会重点著译出版书刊和介绍西方文化,把文人和官员作为工作对象,认为影响了这些人,就等于影响了整个中国。李提摩太在《给英驻上海领事白利兰的信》中认为直接布道只能使少数人信仰宗教,而通过文字宣传则可以无形中教化成千上万的人。林乐知在受聘上海广方言馆和江南制造局教习英文和著译西书期间与曾国藩、冯桂芬、汪凤藻等人交往甚密,他认为此番接触对宣扬西方科学文化有事半功倍之效,《万国公报》更是以"为政者"和"为师者"为主要读者对象。

自由派传教士文化适应路线下的传教策略便是"以学辅教",即通过

---

① Timothy Richard. *Conversion by the Million in China*, *Being Biographies and Articles by Timothy Richard*. Shanghai: Christian Literature Society, 1907, Vol.1, p. 13.

著译介绍西方科学知识,传播西方社会思想,以先进文化为媒介结交中国知识分子,拉拢当朝达官显宦,力图改造晚清社会文化环境,从而最终实现中国人的教化。"以学辅教"形式多样,但多与西学著译相关。第一,传教士一边学习汉语,一边在华士帮助下,直接著译宗教书籍和世俗事务的书籍,同时为方便著译作品的发行,着力发展印刷出版业。传教士在华创办的译书和出版机构中,影响较大的有华花圣经书房、墨海书馆、美华书馆和广学会等。即使在清政府官办的京师同文馆、江南制造局翻译馆和京师大学堂编译局等机构中,著译的主体也是传教士。民间成立的商务印书馆、文明书局和广智书局等也都聘有大量传教士。第二,传教士创办了许多中文杂志、报纸和年鉴性质的丛书等,发表了众多著译作品,如《东西洋考每月统记传》《中西闻见录》《万国公报》和《格致汇编》等。第三,传教士创办了众多教会学校,其课程设置中均有西学、外语和翻译课等,如林乐知创办的中西书院制定有八年的西学课程①,其他著名教会学校有最早于1818年由马礼逊创办的英华书院,另有傅兰雅创办的格致书院、施约瑟创办的圣约翰书院、美国卫斯理会创办的金陵大学、李提摩太创办的山西大学堂西斋和司徒雷登首任校长的燕京大学等。另外教材也大多编译自西方教材,为此来华传教士在1877年成立了"学校和教科书委员会"(School and Textbook Series Committee),即益智书会,1890年该书会审定和出版的西学教材98种,1902年改名为"中国学塾会",1905年改名为"中国教育会",1916年改名为"中国基督教教育会"。第四,传教士编纂了许多双语词典和语法书,双语意义的转换本身就是一种西学翻译,同时对其他西学著译作用重大,如马礼逊的《华英字典》、麦都思的《汉英字典》、卫三畏的《汉英韵府》、罗存德的《英华字典》和司登德的《汉英袖珍词典》等,另外湛约翰的《康熙字典撮要》是《康熙字典》的汉英节选本,这些词典对外国读者学习中国语言和文化意义重大。第五,传教士创办的医院和西医培训机构对著译西方医学书籍也做

---

① 熊月之:《西学东渐与晚清社会》,北京:中国人民大学出版社2010年版,第492页。

出了巨大贡献,如博济医院也被时人看作是一个重要的西学翻译机构。①

经过传教士们的多番努力,新教在华传教取得了较大成效,1877年5月在上海召开了在华新教传教士第一次大会,并对传教事业进行了阶段性总结。

表三:1877 年新教在华传教事业统计表

国别	传教士	差会总堂	支堂	正式教堂	受餐信徒	男童寄宿学校	学生
英国	224	42	269	150	6460	8	118
美国	212	41	215	150	5300	19	347
欧洲大陆	30	8	27	12	1271	3	146
合计	466	91	511	312	13035	30	611

男童全日制学校	学生	女童寄宿学校	学生	女童全日制学校	学生	神学校	学生
70	1471	12	189	24	335	9	115
93	1255	24	464	57	957	9	94
14	265	2	124	1	15	2	22
177	2991	38	777	82	1307	20	231

主日学校	学生	按立牧师	女布道员	售书员	小教堂	医院	发药处
23	495	28	26	45	229	10	4
92	2110	42	62	28	183	6	14
/	/	3	2	3	25	/	6
115	2605	73	90	76	437	16	24

资料来源:*Records of the General Conference of the Protestant Missionaries of China Held in Shanghai*,May 10—24,1877, Shanghai: The Presbyterian Mission Press, 1878, p. 486. 转引自王立新:《美国传教士与晚清中国现代化》,天津:天津人民出版社 2007 年版,第 12 页。

————————————

① 张静庐辑注:《中国出版史料补编》,北京:中华书局 1957 年版,第 62 页。

第二节　晚清社会变局

一、外侮日亟与内患方深

从 19 世纪初开始,清朝政治日趋腐败,官吏贪污成风,财政支绌,军备废弛,国势衰弱,同时西方资本主义发展导致殖民扩张,使得古老中国遭到严重挑战和冲击。在两次鸦片战争、甲午战争和八国联军侵华中,清政府都以战败告终,被迫签订各种丧权辱国的不平等条款,割地赔款,息事宁人。据统计,英国通过《南京条约》《北京条约》和《展拓香港界址专条》连割带租占领 1066 平方公里土地,沙俄通过《瑷珲条约》《北京条约》《勘分西北界约记》和《改订伊犁条约》强占 151 万平方公里土地,日本通过《马关条约》割占 36000 平方公里土地。第一次鸦片战争赔款合计 2800 万银元,第二次鸦片战争赔款合计 1670 万两白银,《改订伊犁条约》赔偿沙俄白银 500 万两,甲午战争赔款总计 23000 万两白银,八国联军侵华赔款本息合计 98000 万两白银,再加上教案和其他纠纷的赔偿,晚清政府共赔款约 126000 万两白银。[①] 这些割地赔款养肥了帝国主义列强的同时,却耗尽了中国的财政收入,加重了全国民众的经济负担,加速了晚清政府的衰败和灭亡。

另一方面,晚清土地兼并剧烈,地主剥削残酷,加上巨额军费和赔款转化为捐税和浮收,造成许多农民倾家荡产流离失所,社会矛盾日益尖锐,各地农民起义此起彼伏。从早期白莲教和天地会的暴动,到太平天国的大规模起义,再到捻军和各地少数民族的斗争,直至义和团运动,都带有反抗封建剥削、反抗民族压迫或反抗外来侵略的正义性,猛烈地冲击了晚清封建统治,坚决地打击了帝国主义的嚣张气焰,在近代历史上留下了可歌可泣的壮烈篇章,但是,这些反抗斗争及其引起的清政府的镇压活动,无疑破坏了社会生产力,动摇了社会稳定。由于连年战争造

---

① 翦伯赞:《中国史纲要》,北京:北京大学出版社 2006 年版,第 610—671 页。

成青壮年人口锐减,加上农业技术低下和天气干旱,出现了19世纪70年代中后期的"丁戊奇荒",造成1000余万人饿死,2000余万人逃荒外地,饿殍载途,白骨盈野,而官方的救灾不力和部分士绅趁机巧取豪夺,都进一步加剧了阶级对立,加重了晚清社会危机。已经陷入半封建半殖民地社会的晚清中国处于风雨飘摇当中,众多先进知识分子和开明士绅开始思考如何救亡图存,部分来华传教士也着力思考如何让中国合群保种,以期挽狂澜于既倒,扶大厦之将倾。

二、国人对救亡图存的思考

第一次鸦片战争爆发后,清朝统治集团内部出现分化。有的人被西方的船坚炮利吓破了胆,对列强卑躬屈膝,俯首帖耳,以求中外相安无事;有的人对中国的惨败痛心疾首,叫嚣"攘夷""剿夷",却心有余而力不足;有的人认为中国只是运气不佳输给西方的奇技淫巧,依旧沉浸在"天朝大国"的迷梦中,夜郎自大,不以为然。与此同时,也有部分爱国开明的知识分子和士绅开始深刻反思中国失败的原因,认识到中国在科技知识和社会文化方面的落后,要求改变现状,提出了"放眼看世界"和"师夷制夷"等主张。

向西方学习在当时是一种进步思想,而林则徐则是晚清"放眼看世界第一人"。他在广州禁烟期间,为了了解西方列强以"知己知彼",组织幕僚翻译了英国人慕瑞撰写的《世界地理大全》,后由他自己编辑而成《四洲志》,该书罗列了三十多个主要西方国家的基本国情概况,是晚清中国的第一部世界史地译著,在近代史上首开著译西学、学习西方的新风气。随后梁廷枏以"筹海防夷"为目的连续编著《耶稣教难入中国说》《合省国说》《兰仑偶说》和《粤道贡国说》,并于1846年合刊为《海国四说》,书中历述西方各国相继东来,企图用宗教和商品打开中国大门,内容新颖,认识敏锐。1848年,徐继畲撰写完成《瀛环志略》,该书抛弃了过往的夷夏之辨,将中国定位于地球大家庭的普通一员,而非昔日自诩的"中央大国",介绍了西方列强以民主宪政为主导的各国政体,从而为中国引进了西方民主政治思想的价值体系和人文精神,为民族觉醒和追求真知做出了巨大贡献。

这一时期影响最深远的书籍莫过于魏源的《海国图志》。从 1841 年起,魏源受被贬黜的林则徐所嘱,以《四洲志》为蓝本编写一本世界地理著作,他欣然从命,翌年完成 50 卷的《海国图志》,1852 年扩大到 100 卷,凡 88 万字。魏源在该著序言中指出:是书何以作?曰:为以夷攻夷而作,为以夷款夷而作,为师夷长技以制夷而作。所谓"师夷"主要是指学习西方列强在军事技术上的长处,"夷之长技三:一战舰,二火器,三养兵练兵之法。"①他不仅主张从西洋购买坚船利炮,而且更强调引进西方的先进工业技术,由自己制造船炮。所谓"制夷",是指抵抗侵略和克敌制胜,他明确地把是否学习西方国家"长技"提高到能否战胜外国侵略者的高度来认识。魏源从反侵略立场出发,以师夷为手段,以制夷为目的,表现了一种光辉的爱国主义情操,引领了 19 世纪中后期主流社会的思想意识和发展趋势。

"师夷制夷"思想催生了洋务运动。1861 年,在中央成立了由奕䜣牵头负责的总理衙门,掌管外交和通商事务,在地方曾国藩创办安庆内军械所,成为中国最早的近代军事工业,以此为标志兴起了如火如荼的洋务运动。洋务派在军事上积极创办新式军事工业,训练新式军队,筹建南洋、北洋和福建三支海军,在经济上兴办轮船、铁路、电报、采矿、纺织等各种民用企业,在文化上兴办新式学堂,派遣留学生,培养洋务人才。洋务运动在文化上倡导"中体西用",在坚持封建统治的前提下自觉向西方学习。洋务运动在本质上是买办官僚为维护自身权益而开展的"自强""求富"运动,尽管最终在甲午战败中破产,但客观上引进了西方先进科学技术,使中国出现了第一批近代工业,促进了民族资本主义的诞生,为中国的近代化开辟了道路。

洋务运动与来华传教士在教育出版事业方面存在交集,洋务派创办的各类新式学堂都聘用了许多富有科技文化素养的传教士,他们一方面教授西文、西技和西艺,一方面著译西学,出版西书,打破了中西文化的壁垒和传统文化的坚冰,大大促进了中西文化交流与融合。京师同文

---

① 魏源:《海国图志》,郑州:中州古籍出版社 1999 年版,第 1 页。

馆、上海广方言馆以及江南制造局译书馆,都是当时官办的西学著译中心。京师同文馆的第一任总教习就是美国长老会传教士丁韪良(William Martin),在华 62 年,将美国人惠顿的《国际法》(*Elements of International Law*)翻译成《万国公法》(1864),成为中国第一部国际法译本,将英国人法思德的《政治经济学教本》(*Manual of Political Economy*)翻译成《富国策》(1867),成为中国第一部经济学译本,将德国人马尔顿的《外交指南》(*La Guide Diplomatique*)翻译成《星轺指掌》(1876),成为中国第一部国际关系学译本。上海广方言馆的第一任英文教习是美国监理会传教士林乐知(Young Allen),在华47年,著译有《中东战纪本末》《文学兴国策》和《全地五大洲女俗通考》等250余种,长期主编晚清报刊史上历时最长、发行最广、影响最深的《万国公报》。[①] 江南制造总局翻译馆是晚清翻译西方著作数量最多、成绩最著的机构,它罗列了众多的学者译家和一些外籍传教士,名气最大的当属英国圣公会传教士傅兰雅(John Fryer),在华35年,创办了中国第一部科普杂志《格致汇编》和第一所科普学校——格致书院,译书129种,涉及基础科学、应用科学、军事科学和社会科学等各个方面,其他传教士译者都只能望其项背。[②] 德国传教士花之安(Ernst Faber)在华35年,所著《自西徂东》通过对比中西文明指出中国落后根源,成为"19世纪80年代传教士撰写的、影响最大的一部书"[③]。江南制造总局翻译馆译员陈洙1909年编录的《江南制造局译书提要》共收录160种各类著译书籍,其中译书150种,附翻刻本10种,分类统计如下:

表四:《江南制造局译书提要》第二卷

类别	史志	政治	交涉	兵制	兵学	船政	学务	工程	农学	矿学	工艺	商学
数量	6	3	7	12	21	6	2	4	9	10	18	3

① 卢明玉:《译与异——林乐知译述与西学传播》,北京:首都经济贸易大学出版社2010年版,第5页。

② 熊月之:《西学东渐与晚清社会》,北京:中国人民大学出版社2010年版,第454页。

③ 熊月之:《西学东渐与晚清社会》,北京:中国人民大学出版社2010年版,第320页。

续表

类别	格致	算学	电学	化学	声学	光学	天文	地学	医学	图学	补遗	附刻
数量	3	7	4	8	1	1	2	3	11	7	2	10

资料来源：陈洙编录《江南制造局译书提要》，1909年铅印本。

三、传教士对中国封建文化的审视

在开明士绅和知识分子追求"救国良策"的同时，传教士也通过在华生活的切身体验，对以儒家思想为核心的中国文化和以基督教义为基础的西方文化进行了比较，认为晚清中国的衰败源于传统封建文化的糟粕，这种文化比较既有他们自身文化优越感下的傲慢误导，也不乏言真意切的合理洞悉。

在天伦观方面，由于基督教信仰唯一真神，传教士多批判中国人"敬孔祭祖"等习俗，认为这不仅说明中国人没有真正信仰，无怪乎各种庙宇祠堂盛行不衰，既拜天又拜地，甚至连牲畜、器物等，形状稍异，亦必叩头顶礼，而且导致中国人以过去为取向的崇古心理，不知改变，固步自封，不思进取，衰败落后。美国传教士李佳白(Gilbert Reid)说："西人事事翻新，华人事事袭旧。"[1]林乐知说："西国万事争先，不甘落后，中国墨守成规，不知善变，此弱与贫所由来也……西国有盛而无衰，中国每颓而不振。"[2]他认为这是由于传统儒家思想的保守性导致的，"儒教以孔子为至圣，乃其自述生平，一则曰述而不作，再则曰信而好古，此可见孔子之训人，以信古、复古、效法古人为宗旨，以变法维新为生今反古……一言以蔽之曰：其道在信古不在知新。"[3]这种崇古的保守文化处处成为晚清变法图强的阻力，即使康有为把孔子打扮成"托古改制"的祖师爷实施维新，也难逃守旧势力反扑扼杀的宿命。

在人伦观方面，林乐知指出："孔教不明性与天道，故无神与人交、人

---

① 李佳白：《中国宜广新学以辅旧学说》，载《万国公报》第102册，台北：华文书局1968年影印合订本，第27本第16984页。
② 林乐知：《中西关系略论》卷一，上海格致书室1892年版，第9页。
③ 林乐知：《全地五大洲女俗通考》第十集，下卷，上海：美华书馆1903年版，第54页。

与物交二伦,但有人与人交一伦,其生平所注意之端,即君臣、父子、夫妇、兄弟、朋友之五伦,五伦克尽,人生之本身尽矣。"①针对伦理纲常,他认为儒家的尊卑贵贱等级色彩过于强烈,"五伦为儒教之善道,但其论君权太重,尊为天子而无对于天之责任,遂永成为专制之政体矣;又其论父权亦太重,几使为子女者,全失其地位……苛于妇人,宽于丈夫"。② 因此儒家的五伦有悖于"人生而平等"的基督教义,对个人、家庭和国家都是有害的。花之安则独辟蹊径,用仁、义、礼、智、信作为《自西徂东》的五卷之名,历陈西方在这五个方面的进步,一一对应地反衬中国的落后之处,指出中国要跟随传教士"共往西国,真心求耶稣之理",随后"自西徂东","与儒家之理,同条共贯"。③

在对人性善恶的本源认识方面,儒家坚持性善论,认为罪恶之源是后天的环境,人可以通过自我道德约束达到至善,基督教则认为人性本恶,人的原罪无法通过自己获得救赎,只有依靠上帝的审判。性善或性恶只是不同的认识模式,并无是非对错之分,但在来华传教士看来,儒家谬误的人伦观对晚清中国政以贿成、文恬武嬉的千疮百孔状态有不可推卸的责任,儒家的自律没有审判功能,只是鼓励向善,不能防止作恶,儒家重视现世生活,不讲来世报应,故对人的行为没有实际约束力。谢卫楼(Davelle Sheffield)曾说:"(孔子)指明天理,冀人遵行,然世之读书者,虽赞美其道,却仍顺从其私,何也? 缘其但言天理,并未指明上主之审判,若国家有律而无刑,无怪犯法者纷纷也。"④

在物伦观方面,基督教认为万物都由上帝所造,是上帝对人类的恩赐,各从其类,上帝造人就为管理万物,共筑上帝之国,为此人类应该按照上帝的旨意去格物致知,以"探求心性之理,穷究天人之奥"。⑤ 花之安曾说,"试观西国之所以日臻富强,要非无故,精格致以收实效,屏虚浮以取真才,原不独农工商贾之各安其业也,文艺武功之独善其长也"。⑥ 传

---

① 林乐知:《全地五大洲女俗通考》第十集,下卷,上海美华书馆 1903 年版,第 54 页。
② 林乐知:《全地五大洲女俗通考》第十集,下卷,上海美华书馆 1903 年版,第 52 页。
③ 花之安:《自西徂东·序》,中华印务总局 1884 年版,第 3 页。
④ 谢卫楼:《万国通鉴》,卷四下,上海美华书馆 1882 年版,第 17 页。
⑤ 花之安:《十三经考理·地卷》,第一章"精格致",上海美华书馆 1898 年,第 5 页。
⑥ 花之安:《十三经考理·天卷》,第一章"说理探原",上海美华书馆 1898 年,第 2 页。

统儒家文化则重义理,轻技艺,认为天地万物没有创造者,万物一体,固有本原,因而不思探求自然规律,科技发展的基础是经验性和偶然性,西方宗教与科学探讨的身外世界和自然规律在儒家思想里只是君子不为的"小道",是无用之辩和不急之察,这无疑妨碍了科技进步和社会发展。

中国文化观的另一趋向就是尚义薄利,加上皇室为维护封建统治的经济基础,造成中国社会长期的重农抑商,这与资本主义的商品输出和自由贸易必然发生冲突。林乐知批评中国士大夫空谈性理而"不穷物之源","未尽格物之允","故日用寻常之物,古人偶然知之,今人即习焉用之,若夫造物者之无尽藏各有其质,各有其性,各有其理,即各有其用,华人乃毫不知讲,即毫不能明"。① 花之安也批评中国知识分子"不务实学",专以"词章贴括,以为考试进身之阶",而"强邻环伺于外,匪徒煽动于中。比年以来,困于法、辱于倭,覆辙昭然。皆由中土之人,徒尚文教,一切实学,不求研求",为此他提出"救国良策":"潜心实学,不事浮文,外则效各国所长,较量优劣,不独于枪炮船械,凡一切政治、教化、农商、理财各要都需学习。"②

在批判中国文化的同时,针对晚清中国兴起的学习西方的热潮,传教士也在思考中国文化的未来出路,除下文第三章第三节具体阐述的李提摩太的"综合融会说"外,较知名的还有李佳白的"鉴别吸收说"和林乐知的"中西并重说"。

李佳白是尚贤堂创办人,认为学习西方应要鉴别和区分西国可用与不可用之法,"今天下谈者,动言西法若用之中国,则富强可立致,此非通论也。盖法虽善,必与其人心风俗相宜而不相戾,乃可采而用之。故善用法者,必先宜而后动,渐摩而后入"。③ 他提出要明辨西学,"取彼之长,补我之短,有利必兴,有害必除"。同时对中学也应"屏去虚诞,不惑于杂伪乱真之邪说",总之"中西并立,新旧迭乘,专尚西学而竟弃中学者,非

---

① 林乐知:《治安新策》,载《中东战纪本末》初编,卷八,上海广学会 1896 年版,第 20 页。
② 花之安:《十三经考理·地卷》,第一章"精格致",上海美华书馆 1898 年版,第 2—3 页。
③ 李佳白:《新命论》,载《戊戌变法》(三),神州国光社 1953 年版,第 258 页。

也。然笃守中学,而薄视西学者,实属失之太隘"。①

　　林乐知在创办上海中西书院时提出"中西并重说",他认为"舍西法而专事中法不可,舍中法而专重西法亦不可"②,他的助手沈毓桂解释为"专尚中学固不可也,要必赖西学以辅之;专习西学亦不可,要必赖中学以襄之。二者得兼,并行不悖"③。林乐知认为西学的传播者必须是精通中国文化的达官显宦和硕学鸿儒,他们立足高远,才能深刻比较和洞悉中西文化各自优劣,从而实现主动的高层次文化交流,而不是被动消极地"窃取皮毛"。林乐知不拘泥于中西文化优劣之辨,而是主张提高接受客体文化的主体层次,以便西方文化在中国文化的帮扶下传播移植,这种创新见解是值得称道的。

　　① 李佳白:《中国宜广新学以辅就学说》,载《万国公报》第 102 册,台北:华文书局 1968 年影印合订本,第 27 本第 16984 页。
　　② 林乐知:《中西书院课规》,载《万国公报》第 676 卷,台北:华文书局 1968 年影印合订本,第 14 本第 8761 页。
　　③ 转引自王立新:《美国传教士与晚清中国现代化》,天津:天津人民出版社 2007 年,第 112 页。

第三节　李提摩太的文化身份

　　李提摩太(Timothy Richard)于 1845 年 10 月 10 日出生于英国威尔士卡马登郡(Caermarthenshire)的一个名叫弗迪布兰宁(Faldybrenin)的小村庄,父亲是浸礼会教堂秘书兼执事,母亲是农民。1865 年,李提摩太考入盆布鲁克郡(Pembrokeshire)的哈弗福特维斯特(Haverfordwest)神学院,从此,"他的精神已经飞出了他所热爱的家乡的山山水水,到了尚未听到耶稣基督的教诲和救世良言的亿万民众居住的更为广阔的世界中去了"。[①] 他上学期间就决意来中国传教了,他认为"中国是非基督教国家中最文明的一个国家,只要让中国人皈依了基督教,就可以帮助将福音传到更多不发达的国家中去"[②]。李提摩太从神学院毕业后被封为浸礼会牧师,1869 年 11 月 17 日被派遣来华,途中开始学习中文,1870 年 2 月 12 日到达上海,稍事休息后于 27 日到达烟台,成为浸礼会传教团在中国真正意义上的奠基人。[③] 1874 年,他将传教活动地点转到青州,此后积极参与"丁戊奇荒"赈灾活动,赢得中国民众的认同赞许,发展了一批信徒,并与底层百姓、上层官员和一些知识分子建立了广泛联系,也对中国社会有了更为深刻的了解。1890 年 7 月,李提摩太受李鸿章之邀,赴天津担任《时报》主笔,历时一年有余。1891 年 10 月接替病逝的韦廉臣担任广学会总干事,在任时间长达 25 年,是广学会历史上最重要的人物,期间于 1902 年利用庚子赔款创办中西大学堂,后改为山西大学堂西斋,任节制总理。因年事已高,体弱多病,李提摩太于 1916 年辞去广学会总干

---

　　① 苏慧廉著,关志远等译:《李提摩太在中国》,桂林:广西师范大学出版社 2007 年版,第 11 页。

　　② 苏慧廉著,关志远等译:《李提摩太在中国》,桂林:广西师范大学出版社 2007 年版,第 12 页。

　　③ 李提摩太不是浸礼会派往中国的第一个传教士。早在 1859 年,该会就派遣霍尔(Hall)和克劳克斯(Kloekers)首次来华,1860 年《北京条约》签订后在烟台开辟第一个传教基地,后来麦克米甘(Mechan)、金顿(Kington)和劳顿(Lawton)陆续来华,但由于环境恶劣,或去世或离开,当李提摩太到达烟台时,只剩下劳顿一人,可惜也于 4 个月后死于伤寒。

事职务,5月返回英国,1919年4月17日病逝,终年74岁。

一、乐善好施的传教士

受传统神学教育和救世情怀的感染,年仅25岁的李提摩太主动来华"传播福音",经过三个月的海上颠簸,终于在1870年2月抵达烟台,开始了在华近半个世纪的传教生涯。然而由于清政府先前的"禁教"以及民间对基督教的以讹传讹,李提摩太最初的传教成效并不大,甚至连租屋居住也一度困难,随后"丁戊奇荒"的发生使得他的传教事业柳暗花明。1876年到1879年间,华北和华中地区陆续发生罕见大旱灾,导致农产绝收,田园荒芜,饿殍载途,白骨盈野,尤以丁丑年(1877年)和戊寅年(1878年)为最,史称"丁戊奇荒"。以李提摩太为代表的在华传教士积极展开赈灾工作,四处筹集款银,济贫助困。"我寄信给上海天安堂和各通商口岸,报告山东饥荒情形。请外人多方捐助赈济,陆续收到各地捐资","我代表正在遭受灾荒的民众,接受了烟台的朋友卡米吉尔博士募集的一小笔捐款"。[①]为了方便募捐,众多传教士、外交官和外国商人于1877年3月在上海成立了山东赈灾委员会,1878年3月改组为中国赈灾基金委员会,各地募集到的捐款都转交给李提摩太具体运作。他还给英国浸礼会传教士协会写信,请求协会开展赈济活动,帮助中国渡过灾难,很快便获得资助款额500英镑。李提摩太利用这些赈款在青州设立了赈局,并在临朐、益都境内设立多处孤儿院,不仅照顾灾民的生活,还教授他们生活技艺。

由于赈灾经验丰富,李提摩太于1877年11月赶赴山西开展救济工作。他自带赈银2000两,根据地方官事先统计的需要救济人员名单,挨家挨户每人发放500文,赈济效果令人满意。李提摩太还通过中国赈灾基金委员会在英国各大报纸刊文记载山西灾荒,得到积极回应,共募集赈银113320两,在重灾区平阳府城乡各地救助100641人,共直接放银

---

　　① 李提摩太著,李宪堂、侯林莉译:《亲历晚清四十五年——李提摩太在华回忆录》,天津:天津人民出版社2005年版,第82页。

52745 两,他还在太原城设立男女孤儿院各一所,共救济了 334 个孤寡老人和 822 个孤儿。[①] 鉴于清政府先前对传教士的怀疑和敌视,李提摩太时时小心,处处谨慎,力避误会。他多亲自考察各地受灾程度,估算灾民数量,发放赈济时先让大家在打谷场排队坐好,再依次发放现银,或让难民排队从他身边经过领取赈银,同时在手上盖印,这样就避免了哄抢物资或重复冒领,秩序井然,公开公正,受邀到场的官吏士绅都盛赞他的做法周全。这种切实有效的济世救灾逐渐得到了民众的普遍认可,有利于改变传教士最初的"鬼子"形象,李提摩太更是被老百姓尊称为乐善好施的"大人"。以李提摩太为代表的自由派传教士以赈灾为契机,积极参与各种社会事务,不仅关注人的精神需要,而且关注物质需求,强调传教活动的人道主义目标,这种文化适应策略使得传教士逐渐在中国站稳脚跟,促成新教在中国迎来传教事业的新纪元。

二、纵横捭阖的政客

李提摩太的赈灾活动并未仅仅停留在放赈和设立孤儿院等应急措施上,他还深刻思考导致荒灾的根本原因,努力探索防灾救灾的"救国良策",积极与官府接触沟通,建言献策。1876 年 7 月,李提摩太就在济南拜访了巡抚丁宝桢,提出移民东北、开矿山和铺铁路等建议。他在山西期间则向巡抚曾国荃提出以工代赈、兴建铁路、富国养民、广问西学等积极主张。遗憾的是,由于当时国人的盲目自大以及对传教士的先天性猜忌疑虑,他的大多合理建议都被以易招祸端为由拒绝了,但他并未放弃,此后更加积极地加强与清政府上层人物的互动与博弈,参与政局,以期中国根除灾荒贫穷而走向国富民强。

中日甲午战争期间,李提摩太写了一封《致天津罗稷成、武昌蔡毅若两观察书》,分别转呈李鸿章和张之洞,自称"不忍竟效金人之三缄其

---

① Paul Richard Bohr. *Famine in China and the Missionary: Timothy Richard as Relief Administrator and Advocate of National Reform, 1876 - 1884*. Cambridge, Mass: Harvard University Press, 1972, pp. 107-110.

口",而"殷切陈词,冀挽回于万一"①。他认为中国虽有新军,但为"仓促招募之众","窃恐三战三北,终致于一败涂地,适启日本窥畿割地之心",因而主张调和。他随后向张之洞提出五条具体建议:速和日本;增订西学课程;广筑铁路,创立邮局;京师阁部及外省衙门聘西人议政;招录熟谙西法华人。② 这些主张固有让中国投降求和、屈膝西化之嫌,但也有旁观者清的深思熟虑。期间李鸿章多次会见李提摩太,并劝他求见当朝宰相翁同龢。1895 年 10 月李提摩太向翁同龢呈递《永息教案折》,论述传教士都是"自食其力、不务功名"的好人,最后陈述了"改良中国"的"教民、养民、安民、新民"四法,赢得这位帝党魁首的信任与赏识。

李提摩太还积极参与了戊戌变法,一则维新派的诉求与他多年来的主张大同小异,二则他和维新派的许多重要人物都有友好接触。康有为在"公车上书"期间曾登门拜访李提摩太,诚恳期望能共同振兴中华,梁启超则自告奋勇去当他的中文秘书,而李提摩太甚至还受邀赴京做光绪帝的变法顾问。变法失败后,李提摩太对被害或受牵连的维新人士都有表达同情的叙述,并帮助康有为等人逃脱清廷追捕。台湾学者胡光漉就此论及李提摩太时说,"无非欲以客卿地位,敦劝变法维新,以御外侮而图自存,事实上确曾影响了全国舆论,促成戊戌变法……虽使事败垂成,但经李氏与康梁等的鼓吹,却替革命运动添了一些助力,不数年而使清社以屋,功亦不可没矣"。③

义和团运动期间,李提摩太借出席纽约世界基督教布道会之际,在美国积极奔走,联络各国政府或宗教官员,商议防止义和团对外国人造成灾难,并致电晚清各省督抚确保传教士安全,他就善后工作在清廷和列强之间穿针引线,发挥了任何朝廷大臣都无法替代的作用。而在八国"联军压境,全省岌岌"的严重局势下,奕劻和李鸿章自然想到威望甚高的李提摩太,电邀他"来京协助解决山西教案……设法找到一个除进兵

---

① 李时岳:《李提摩太》,北京:中华书局 1964 年版,第 61 页。
② 李时岳:《李提摩太》,北京:中华书局 1964 年版,第 64—65 页。
③ 胡光漉:《影响中国现代化的一百个洋客》,传记文学杂志社 1983 年,第 127 页。

山西以外的赔偿办法"①。值得称道赞誉的是,此后李提摩太积极奔走,利用庚子赔款创办了山西大学堂西斋,设立译书局,讲授西技西学。但是,在孙中山领导的资产阶级革命运动中,李提摩太极力劝阻甚至诋毁革命,他认为"革命"形式过于激进,于是四处奔走鼓吹实施君主立宪,实则表现出他维护清王朝的文化保守性。李提摩太最终获得清政府的认可和眷顾,被赐予头品顶戴和二等双龙宝星并诰封三代的荣典,在中国封建王朝的末世变局中为自己涂抹了浓墨重彩的一笔。

三、博学多产的学者

李提摩太文化适应路线下的"以学辅教"策略来自对现实社会变局的观察和思考。1880 年 9 月份,李鸿章曾对路过天津的李提摩太说,"信徒围在你们身边,是因为他们以及他们的亲朋通过为你们服务谋取生计。一旦停止对这些代理人支付报酬,他们就会一散而去。……在全国,受过教育的阶层里没有一个基督徒"②。这使得李提摩太意识到,要想实现撒播福音救赎世人后传教初衷,只有真正融入中国社会,走上层路线,首先要通过传播西学取得知识分子和士大夫的信任,才能逐渐带动主流社会思想的革新共识。为此,进行科学启蒙以及著译书籍等成为当务之急,"于是我回到山西,决定针对官员和学者们开展旨在传播宗教的学术讲座"③。

19 世纪 80 年代初他就以"中西友"为笔名,在《万国公报》连载 98 条短札式的"救国良策",取名《近事要务》,涉及科技、宗教、道德、外交、立法等事关国家和民族前途和命运的重大问题。针对山西省情,李提摩太撰写了《富晋新规》,为山西省脱贫致富出谋划策。90 年代是李提摩太译

---

① 王耀焕:《晋东防护纪略》,转引自徐士瑚:《李提摩太传略》,太原:山西大学出版社 1992 年版,第 60 页。
② 李提摩太著,李宪堂、侯林莉译:《亲历晚清四十五年——李提摩太在华回忆录》,天津:天津人民出版社 2005 年版,第 129 页。
③ 李提摩太著,李宪堂、侯林莉译:《亲历晚清四十五年——李提摩太在华回忆录》,天津:天津人民出版社 2005 年版,第 129 页。

作最多、影响最大的时期，尤其在主持广学会之后十年间更是笔耕不辍，或著或译，或编或撰，成果丰硕，影响深远。李提摩太著译的书籍，一般由华士报人蔡尔康等人笔录达辞而成，多是对世界历史、地理、政治和社会文化的介绍，如《七国新学备要》《八星之一总论》《天下五洲各大国志要》《列国变通兴盛记》《大国次第考》《泰西新史揽要》《欧洲八大帝王传》《中西四大政》《地球一百名人传》和《英国议事章程》等；或是结合中国实际国情提出的变革主张，如《近事要务》《富晋新规》《中西四大政》《养民有法说》《拟广学以广利源议》《农学新法》《生利分利之别论》《西铎》《速兴新学条例》《新政策》《说镸》《行政三和说》《中国安危视掌说》《救华上策》《新政诀》《醒华博议》和《预筹中国十二年新政策》等。两方面多有交叉，因为对中国变法的设计，少不了要以西方列强和日本等国作为参照。李提摩太在华著译作品众多①，多在《万国公报》刊印、连载或由广学会出版，或先连载再出版单行本，内容涉及政治、经济、宗教、文化、教育各个方面。现将李提摩太著译并被广学会发行单行本或在《万国公报》之外的期刊发表的作品统计于表五，其他仅在《万国公报》上发表的著译作品将在第二章表八和第四章表十二中单独统计。

表五：李提摩太的部分著译作品统计表

年份	书/篇名	出版/发表出处	备　　注
1884	《地球养民关系》	格致书院：《格致汇编》	
1889	《西铎》	广学会	1895 年重版
1893	《华英谳案定章考》	广学会	《万国公报》第 1892 年第 47 册，原作者哲美森（英）

① 孙玉祥在《李提摩太——最早向中国介绍马克思主义的人》（《新闻出版交流》2002 年第 4 期）上说，"据不完全统计，李氏在华 45 年，译著达 40 余种"，该文被《新华文摘》2002 年第 12 期全文转载，可信度较高。但如本文绪论中所说，李提摩太的著译作品有的被广学会等出版机构发行了单行本，有的只是《万国公报》或其他期刊上的一篇文章，有些文章后又被汇编成册，故评判归类标准和具体数量统计不一，按前者计应有近四十部，按后者计应有两百余篇。

续表

1893	《养民有法说》	广学会	《万国公报》1893年第54册
1893	《大国次第考》	广学会	《万国公报》第1893年第54册
1893	《天下五洲各大国志要》	广学会	原名《三十一国志要》,《万国公报》1893年第56-60册
1894	《百年一觉》	广学会	原名《回头看纪略》,《万国公报》1891-1892年第35-39册,原作者贝拉米(美)
1894	《喻道要旨》	广学会	
1894	《农学新法》	广学会	《万国公报》1893年第52册,原作者贝德礼(英)
1894	《五洲教务》	广学会	
1894	《欧洲八大帝王传》	广学会	1899年重版
1894	《世界女族进化小史》		
1894	《列国变通兴盛记》	广学会	1898年重版
1894	《时事新论》	广学会	
1895	《救世有道》	广学会	
1895	《保家经》	广学会	
1895	《泰西新史揽要》	广学会,	初译名《泰西近百年来大事记》,《万国公报》1894年第62-68册,原作者麦肯齐(英)
1895	《近代教士列传》	广学会	
1897	《八星之一总论》	广学会	《万国公报》1892年第46、第47册
1897	《醒华博议》	广学会	《万国公报》1897年第118-120册
1898	《中西四大政》	广学会:《新学汇编》卷四	《救世教益》第七章"有益于今"《万国公报》1892年第36-37册
1898	《救世教益》	广学会:《新学汇编》	初名《从史实看基督教的益处》,《万国公报》1892年第24-37,72-82册

续表

1898	《七国新学备要》	广学会：《新学汇编》	原名《新学》，又译名《现代教育》，《万国公报》1889年第2册
1898	《生利分利之别论》	广学会：《新学汇编》	《万国公报》1893年第51、52册
1898	《新政策》	广学会：《新学汇编》	《万国公报》1896年第87册
1898	《地球一百名人传》	广学会	《万国公报》1901年第147—153册部分选录
1899	《性理学列传》	广学会	《万国公报》1899年第128册，原作者浦芯（美）
1899	《欧洲八大帝王传》	广学会	
1899	《英国议事章程》	广学会	
1899	《大同学》	广学会	《万国公报》1899年第121—124册，原作者基德（英）
1908	《预筹中国十二年新政策》	《中西教会报》1908年6月刊	

资料来源：国家图书馆古籍馆联机公共目录查询系统；《广学会年报》（1896—1902）；熊月之：《西学东渐与晚清社会》，北京：中国人民大学出版社2010年版；王立新：《美国传教士与晚清中国现代化》，天津：天津人民出版社，2008年版；王林：《西学与变法——〈万国公报〉研究》，济南：齐鲁书社2004年版。

第二章　李提摩太西学著译的阶段历程

　　"丁戊奇荒"使李提摩太看到了中国贫穷落后背后的愚昧无知,于是怀着传播福音救赎众生的虔诚信仰,李提摩太开始积极向中国百姓介绍西方科学技术,进行科学启蒙。随着与越来越多的高级士绅官员结识交往,加之传教中遇到的种种挫折困难,李提摩太逐渐意识到救治贫穷首先要救治思想,必须自上而下提高中国人的科学文化素养,从而与众多自由派传教士共同确立文化适应路线,进行"以学辅教",有目的、有计划、有组织、有系统地大规模著译西学,输入西方先进科学知识和社会文化,客观上促进了晚清中国的历史进程。李提摩太在华最辉煌的生活工作经历当属主持广学会,长达25年之久,取得了令人瞩目的成就。从内容主旨来看,李提摩太的西学著译,可以甲午战争为界分为两个阶段,前一阶段以救灾扶贫、求富图强为主,偏重于宗教和经济,后一阶段以外联列强、内促变法为主,偏重于政治和外交。综合方式和性质来看,李提摩太的西学著译可以分为两个层面,一是亲力亲为,积极与华士报人合作,编著译述西学作品,二是组织领导,主持广学会并利用会刊《万国公报》进行西学著译。本文以李提摩太主要工作地点和职责为界,将其著译活动大致分为山东山西赈灾的入华早期、主笔天津《时报》时期和执掌上海广学会时期共三个阶段。

第一节 入华早期(1870－1889)

一、赈灾中的科学启蒙

李提摩太最初对西学的介绍著译源于对赈灾工作的思考。"丁戊奇荒"是中国有记录以来最严重的饥荒,侵袭了近两亿人,占当时全国人口的半数,相当于当时整个欧洲人口总数,死亡人数一千万左右,逃荒到外地的人口达两千万以上。[①]"丁戊奇荒"既是天灾,也是人祸。封建统治者没有农业经济的安全稳定意识,更谈不上组织未雨绸缪的防灾抗灾活动,只奢望风调雨顺,无力顾及农业科技,社会生产力低下。在荒灾发生后,各地官民居然只知拈香求雨或设坛祷告等迷信活动,尽管也有开仓平粜、捐廉救灾等措施,但杯水车薪,收效甚微,有些地主豪绅趁机兼并土地,奸商则囤积居奇操纵物价,贩卖人口和民变荒闹事件层出不穷,到处是一片凄凉悲惨、动荡不安的景象。

这场灾荒反映出的各种深层次问题,彻底撕下了当时内政外交暂时处于平稳的"天朝大国"的虚假外衣,让李提摩太对中国社会文化的看法急转直下。他在救灾第一线遇到的种种怀疑和刁难,更让他深刻体会到,晚清中国的儒家士大夫过于傲慢自负,佛教徒则是浑浑噩噩、无所作为,道教徒和众多风水先生沉溺于迷信,正是这些人的"罪过"致使亿万民众陷入绝望的境地,而如果中国的官员们能够尽忠职守,积极学习欧美各国的防灾赈灾经验,"丁戊奇荒"完全是可以避免和补救的。他在1878年1月26日给浸礼会秘书的信中坦言,"如果中国政府不那么自负,声称只有自己是文明的,从野蛮的西方人那里学不到任何东西,那么

---

① 关于死亡人数说法不一,《光绪朝东华录》第1册统计为约1000万,美国人马士(Hosea Morse)编《中华帝国对外关系史》(张汇文等译,上海书店出版社2006年版)第2卷统计为约900万,《东方杂志》第26卷第5号统计为约1300万。

数百万人应当能够得到拯救"。①针对如何帮助中国摆脱落后,根除灾荒,求富图强,李提摩太也作了深刻思考:

> 对中国文明而言,西方文明的优越性在于它热衷于在自然中探讨上帝的工作方式,并利用自然规律为人类服务。在满足人类需要的过程中,西方文明做出了许多奇迹一样的发明创造。我相信,如果通过向官员和学者们做一些演讲,使他们对科学的奇迹产生兴趣,我就能够给他们指出一条路,一条利用蕴含在自然中的上帝的力量去为他们的同胞谋福利的路。通过这种方式,我就能影响他们去修建铁路、开掘矿藏,以避免饥荒再度发生,去把民众从赤贫之境解救出来。②

这里姑且不提他有意美化上帝趁机传教的嫌疑,他内心帮助中国民众的想法是值得肯定的,对中西文化发展和利用科学差异的认识是准确的,以"人"和"力"作为两个抓手的建议也是切实可行的。"人"即是"官员和学者们",他们是社会的核心角色,左右着中国的发展趋向;"力"即是"科学的奇迹",主张应用科学技术去"谋福利"。这些就是李提摩太决定向中国介绍西方科学知识、传播西方社会文化的初始动机。

为了有效地向中国开明士绅和先进知识分子介绍西学,李提摩太认为有必要加强科学素养,必须用科技仪器和西学书籍把自己武装起来,为此他省吃俭用,从 1880 年到 1884 年间,就花了将近一千英镑用于购买书籍和仪器。③所购书籍除了宗教类外,涉及天文、地理、历史、文学、电学、化学、物理、工程学、机械学、医药学等各学科,还有《大不列颠百科全书》和《钱伯斯百科全书》等工具书。科技仪器包括显微镜、望远镜、分光镜、电池、发电机、电压表、电流表、盖斯勒管、六分仪等,还有一台幻灯机

---

① 李提摩太著,李宪堂、侯林莉译:《亲历晚清四十五年——李提摩太在华回忆录》,天津:天津人民出版社 2005 年版,第 113 页。

② 李提摩太著,李宪堂、侯林莉译:《亲历晚清四十五年——李提摩太在华回忆录》,天津:天津人民出版社 2005 年版,第 136 页。

③ 李提摩太著,李宪堂、侯林莉译:《亲历晚清四十五年——李提摩太在华回忆录》,天津:天津人民出版社 2005 年版,第 137 页。

和诸多关于世界天文、历史、地理等知识的幻灯片,以及照相机和缝纫机等。随后,李提摩太以演讲和做实验的方式热心地为大大小小的官员、士绅、街坊邻里和来访者介绍西学,使得他们颇为惊叹,对西人西学顿生好感,其中演讲的主题和内容有:(1)哥白尼发现的天文奇迹,如星球的运行轨道;(2)化学的奇迹,如氧气的助燃性质;(3)机械的奇迹,如缝纫机、自行车的运转原理;(4)蒸汽的奇迹,如它在火车、轮船和工厂方面的应用;(5)电的奇迹,如电灯、电报带来的生活变化;(6)光的奇迹,如幻灯机和照相机;(7)医药学和外科学的奇迹,如他早在 1875 年就曾用奎宁丸和止痛药救治过淮军而结识李鸿章。[①]

虔诚恭敬和学识渊博让李提摩太声名远播,有机会加强与政府上层人士尤其是洋务派领军人物的接触和交往,如左宗棠收复伊犁回京路过山西时,李提摩太奉上亲手制作的世界历史图册作为晋见礼,志趣相投,交谈甚欢,此后左宗棠对教会开办学校和医院事宜极力支持。1878 年,李提摩太与志同道合的玛丽·马丁结婚,一起在太原开办了一所专门收养帮助孤儿的机构,后在临近地区建立了 7 所小学,既是赈灾措施,也为撒播福音,更为介绍西技西艺,都取得立竿见影的成效,为此赢得了广泛赞誉。这些都促使李提摩太坚定地走上文化适应路线,实行"以学辅教"策略,开始著译大量西学书籍,有目的、有计划、有步骤、有系统地著译传播西方科学与文化。

二、编译《近事要务》

19 世纪 80 年代早期,针对晚清中国显现出的各种社会矛盾问题,尤其是"丁戊奇荒"使晚清社会弊端暴露无遗,清政府窘态百出,李提摩太通过切身体会和仔细观察,结合中西社会思想、科学技术和文化素养的比较,提出了一系列革故鼎新、变法图强的主张,集中反映在《近事要务》中。

---

① 李提摩太著,李宪堂、侯林莉译:《亲历晚清四十五年——李提摩太在华回忆录》,天津:天津人民出版社 2005 年版,第 138—141 页。

　　早在山东赈灾时,李提摩太就面呈巡抚丁宝桢,说明自然灾害不在天谴而在人祸,为此他提出建造铁路、开采矿藏等措施,扩大就业机会,增加社会财富,提高防灾抗灾能力,但因丁宝桢不久离职而无奈作罢。随后在山西赈灾时,他又向巡抚曾国荃提出类似建议,也因曾国荃瞻前顾后犹豫不决而无回应。李提摩太后来将这些建议汇编成《近事要务》,连载于《万国公报》第664卷到675卷(1881年11月12日至1882年1月28日),署名"中西友"。这些短札式劝善变革提纲,共98则,每则几十到几百字不等,举凡天文、地理、历史、物理、化学、法学等各门学科,涉及政治、经济、外交、宗教、文化教育和伦理道德等各个层面,与国家命运、民族前途、百姓福祉等息息相关。现将《近事要务》首日所刊十则的题目及其基本内容列表于表六。

表六:《近事要务》首刊十则

序号	题目	基本内容	备注
1	广道学以利朝野	以德行仁,多读未见新书以广见闻,以资治国。	宗教
2	重道德以期久安	刑与罚不过暂用,惟道德为万世致治之常经,上能励精图治,下能敬业而乐从。	伦理
3	广集益以振国脉	广搜地球以益国,用如何开垦、如何种植为万国立有益之法,即为万国求有益之事。	农业
4	继制作以媲前圣	后稷树艺五谷,神农始尝百草,有巢宫室,仓颉文字,凡合时之利用,皆先圣之新法……今西国之火轮、电报、传语、传音等表前代所无,皆由各国通儒才能出众之士几阅寒暑,详究考验而成,始获事半功倍。	科技
5	广善法以助不及	五官之能有限而心思之妙无穷,故必竭心思以助不及,如千里镜以助目远视,声微表以助耳远听,火轮便捷,电报神速,所以补人力之不足也。	科技
6	悟水气以尽地利	今不明天气之运动,虽知水能救旱而窖水乏术,存水无器以备存用,何不思水热生气、气腾为云、云腾致雨之法,变通以灌田,巧夺天工,岂不美乎。	农业

7	筹新法以备凶荒	民为国本,食为民天,备荒之策宜预筹也。昔之荷兰今之英国富而不荒,皆因百姓农商各半,丰年商人沾农人之利,荒年农人藉商人之力,此法虽善犹未尽也,惟有志救民者殚精竭虑创立养人新法。	经济
8	创化食以养余丁	生食必用火化之始能养人,推原其故无非开化原质,化之易于消受耳。惟望有志牧民者专设以谋划食,食既足而用有余,何患余丁之无养哉。	科技
9	查生理以利养机	草木本化生之物,惟藉水土之炭气氧气淡气而生,不食五谷及时而生,由此以穷同理,人亦藉化气而生,安知不能藉化气而养?望精心格化者考验得之。	科技
10	广学校以谋民生	贤为国贤必多求通天文识地理,明水利相土宜讲种植备旱涝有益民生之学,须设庠序使之聚徒研究以获实效,既蒙大意呈奏,中西之智者亦乐之,谅不日即为经书耳。	教育

资料来源:《万国公报》第 664—665 卷,台北华文书局 1968 年影印合订本,第 14 本第 8559—8561 页。

《近事要务》中的主张还包括:通有无以便民用、究格致以得新界、设报馆以博见闻、广著作以利物我、究水利以救洲荒、立普试以求贤能、习西语以便翻译、通往来以博所学、穷未知以明要理、兴格致以益世道、广土产以求富强、广医术以解险症、立信局以便民生、究电学以知未能、立银会以备荒欠等。李提摩太通过十余年对中国社会的深入了解,并参照他所熟悉的西方社会状况,对晚清危局提出了切中要害而又中肯妥帖的建议,既有先进性,又有针对性。当时供职于《万国公报》的沈毓桂认为李提摩太所提之策确为中国应办之要务,对中国的国计民生大有裨益,于是写成《近事要务衍义》,对《近事要务》进行解释和论述,其中前 31 则在《万国公报》第 719 卷(1882 年 12 月 16 日)开始连载,署名"匏隐氏",直到第 750 卷(1883 年 7 月 28 日)后停刊。

三、著述《富晋新规》

李提摩太先前通过演讲和实验的方式介绍西学,虽对山西官员民众有所触动,但他们或由于地位低下而无法做出实质性呼应,或由于志在科举而并未真心感兴趣,"数年讲学的苦心,并未留下可以称道的硕果"。① 于是他又奋笔疾书,1884 年作《富晋新规》并呈交山西黄姓臬台②,以期对上层官员施加影响,从而带动全省乃至全国励精图治、变革图强,该文后刊印于《万国公报》第 11 册(1889 年 12 月)。

《富晋新规》以西方诸国兴办实业和通商贸易而致国富民安为例,批评中国守旧自封而致经济贫弱的弊病,鞭策中国深思灾荒贫瘠、兵败挨打之源,激励中国向西方学习养民、安民之策。文章开篇即言西方何以强盛:"凡事宜务其实,得其实则诸事可兴,窃惟中西全局大约西日富而中日贫,按实相推得失较然西方诸国,凡开矿织造制钢铁机器诸事,每年出货银……素有筹银之法,遇大难可以无虞……(而中国)全无此进项,且国家并无筹银之良方,仍有各处兑银钱号笨法只利己而无裨于国家……万一失和,无兵无饷,更复何以为谋"③,进而指出中国愚昧落后的原因是:"议政诸公于中国时间虽无不通,乃能明于西事者十无其一,因中国大员亲往西国者少,且本国无以西学教大员之处……当事者拘守成规,必不令西学通行于中国。"④

为此,李提摩太指出中国若欲思摆脱落后,就必须师从西方列强,实施全民新式教育,"按教法分有四等:首教官员,次教富绅,三教儒士,四

———

　　① 徐士瑚:《李提摩太与山西》,载《山西文史资料》,山西省文史资料研究委员会编,1986年 11 月第 48 辑第 103 页。
　　② 原文标题下有注"光绪十年在山西上臬台黄",臬台即负责全省司法、监察的按察使,参见《万国公报》第 11 册,台北:华文书局 1968 年影印合订本,第 17 本第 10793 页。
　　③ 李提摩太:《富晋新规》,载《万国公报》第 11 册,台北:华文书局 1968 年影印合订本,第 17 本第 10793—10794 页。
　　④ 李提摩太:《富晋新规》,载《万国公报》第 11 册,台北:华文书局 1968 年影印合订本,第 17 本第 10795 页。

教平民"。① 为此他针对性地提出五条建议:派遣五位官员去西方考察,分别亲查教法、矿法、钢法、路法、机法,回国后各著一书,散发于各省;选拔精明少壮富绅十人,"遣往西国亲目观看诸法,知富有财产宜办何如大事";挑选聪明年少贡生"三十者五十人至西国读书学话","三十者一百人在省垣学西话",五年之后"合此百五十人将西国有益于国计民生诸书翻为华文,并设中西书院以华文教西文;科举之年,策问增西学一条,中试者取";对于平民,"宜设报馆,将各学要义并各国有益新闻机艺订为月报",②逢科举考试时分送售卖给考生。李提摩太认为,通过这些措施,"不十数年,上下远近多能明有益于世之书,兼能明有益于世之事……由是国可以强,民可以富"。③

针对山西省,李提摩太认为开矿藏、冶钢铁、制机器最为便利,且有助于修建铁路、提供就业机会、减少运输成本、储积库银等好处,并且在全国起到创新示范作用,"我省先受其益,次可延及他省"。④ 文末他对山西脱贫致富的殷切期望溢于言表:"愚自光绪初年来游晋省,适遇大饥之岁,慨兴救济之思,迟迟七八载,夙志莫偿,此法如可兴行,恭惟翘企而俟。"⑤虽然《富晋新规》并未及时得到山西高官的重视,却获得后任巡抚张之洞的赏识,只可惜张之洞不久即调任两广总督,"新规"也未得到及时实施,但对众多开明官员和士绅的触动与启迪是不言而喻的,对张之洞后来发表《劝学篇》提倡教育改革和支持晚清新政等都有积极意义。

---

① 李提摩太:《富晋新规》,载《万国公报》第 11 册,台北:华文书局 1968 年影印合订本,第 17 本第 10796 页。

② 李提摩太:《富晋新规》,载《万国公报》第 11 册,台北:华文书局 1968 年影印合订本,第 17 本第 10797 页。

③ 李提摩太:《富晋新规》,载《万国公报》第 11 册,台北:华文书局 1968 年影印合订本,第 17 本第 10797 页。

④ 李提摩太:《富晋新规》,载《万国公报》第 11 册,台北:华文书局 1968 年影印合订本,第 17 本第 10797 页。

⑤ 李提摩太:《富晋新规》,载《万国公报》第 11 册,台北:华文书局 1968 年影印合订本,第 17 本第 10798 页。

第二节　主笔《时报》时期(1890—1891)

一、天津《时报》简况

《时报》是天津的第一份中文报刊,1886 年由天津税务司英人德璀林和英商笳臣集股创办,除星期天外每日出版,1892 年前后停刊。[①] 通过《天津条约》和《北京条约》,西方列强逐次在天津开埠通商、划设租界和操控海关等,进行政治侵略和经济掠夺,而天津《时报》的创办标志着文化渗透的开始,但同时在客观上迎合了国内洋务运动的需要。此时洋务运动已开展二十余年,天津紧邻北京,在直隶总督李鸿章主持下,兴办了以天津机器局、大沽船坞、轮船招商局、开平矿务局、华洋书信馆为代表的近代工商业,尤其架设了中国的第一条电报线路,开启了近代电信业,无疑成为洋务运动的北方中心。洋务运动促进了经济发展,改善了民众生活,带来了社会风气的进步,中上阶层都以学习西洋为时兴,普通百姓也渐有学文识字意识。到了 19 世纪 80 年代,天津已建成义学 30 多处,"津人始以不识字为愧"[②],这些都为天津近代报业的诞生提供了物质、科技、文化和社会基础。

天津《时报》以刊印中外时事新闻为主,设有"上谕恭録""京津新闻""外省新闻""外洋新闻""论说"和"翻译新闻"等栏目,第一任主笔无法考证,而《时报》的重要性和影响力主要归功于第二任主笔李提摩太。《时报》创办人德璀林曾任李鸿章的顾问,李提摩太如前所述也早在赈灾中

---

① 《时报》创刊、停刊具体日期说法不一,参见杜一宁:《天津〈时报〉研究》,吉林大学 2007 年硕士学位论文。另外,1904 年 6 月 12 日狄楚青、梁启超创办的上海《时报》,罗普主笔,是近代中国最有影响的全国性报纸之一,在旧上海与《新闻报》和《申报》形成三足鼎立之势,后于 1939 年 9 月 1 日停刊。因天津《时报》发行期较短,影响力相对较小,故现代所提《时报》一般指上海《时报》,本文则特指天津《时报》。

② 董俊荣:《天津第 1、2、3 种近代报刊(中文)研究》,载《天津出版史料》第五辑,百花文艺出版社 1993 年版,第 87 页。

与李鸿章结识并受其赏识，而李鸿章也需要《时报》为自己、为天津、为洋务运动做宣传报道。于是 1890 年 7 月，应李鸿章诚恳邀约，李提摩太开始担任天津《时报》主笔。李提摩太早前在李鸿章的启发下已经意识到走上层路线的重要性，认为"从官绅入手，是自上而下，威力及人，或更容易。比如水自上下流，较比使水上流，为势自顺"①，于是决定通过引领上层人士带动整个中国革故鼎新，从而积极把《时报》作为自己的发声筒，深信"文字对政府的启蒙"②。李提摩太曾坦言说："仆深知中华受病之由……倘效寒蝉而不言，坐视中华缚于贫弱之中不能自振，恐乖践士食毛之义，亦非圣教一视同仁之心。故特借承报馆之乏而倪缕以陈。非不惮烦也，实报馆之职也。"③

二、《时报》中的西学译介

李提摩太主笔下的《时报》开始出现新变化、新气象，从不同层面、不同维度进行西学著译和传播，一是"论说"栏目侧重时政评论，介绍西技西艺，旗帜鲜明地支持洋务运动；二是扩增"外洋新闻"版面，重点介绍西方政治制度，鼓励向西方学习，宣传革故图新。

《时报》发表了众多文章，针砭时弊，建言献策，提倡修铁路、开矿山、广贸易、举新学、练新军等经世致用之学，并以印度为例，激辩顽固守旧派，历陈"洋务运动"的现实成果和理想未来。李提摩太语气诚恳，推心置腹，以期获得积极的本土回应，摘录两则为例：

> **例一：**泰西格致之学，天文地理算数而外，惟制器为要务，而制器之用又莫大于舟车，此铁路之所以作也……近时通州至京一带亦宜开铁路，工程虽属浩大而既成之后，即往来数百里一日之中可以立待，则所

① 方汉奇主编：《中国新闻事业通史》第一卷，北京：中国人民大学出版社 1992 年版，第389 页。
② 李提摩太著，李宪堂、侯林莉译：《亲历晚清四十五年——李提摩太在华回忆录》，天津：天津人民出版社 2005 年版，第 336 页。
③ 李提摩太：《报中杂论跋》，亦即《时事新论·跋》，载《新学汇编》，上海：广学会 1898 年。

以便商旅而免跋涉者。①

　　例二：在今中国之要图，惟宜舍旧从新，以勤为本。师诸印度大开
铁路，设使印度铁路无多，期间贸易何以增盛如是之速也？中国有司通
商之责也，尤易勤训工商，凡制货物务必精益求精……势必获利无穷，
数十年后，中国贸易何至仍出印度下也。②

　　当时朝野上下顽固派势力还很大，他们仍然盲目自大，视西方为蛮
夷，主张继续闭关锁国，反对与西方通商互市，阻扰任何变革创新，致使
洋务派屡遭责难和非议，洋务运动进展缓慢。李提摩太的这些言论无疑
为洋务派提供了强大的舆论支持，有利于促进洋务运动的深入开展。
　　《时报》一共八个版面，早期的"外洋新闻"刊印在第三版，仅占版面
的四分之一左右，一般多是欧美各主要国家政治、外交方面的通讯报道，
有的只是几句话的简短时讯。李提摩太主笔后将之扩增至大半个版面，
内容更加丰富，侧重介绍西方议会选举、政府设置、法律体系、司法审判
等政治制度，借以鼓吹西方文明，宣传变法维新。现仅举两例：

　　（一）美国向分两党，而总统则四年一次，任满之后或去或留，或
选何人均有两党公举。择其举之最多者即以嗣总统之位。有勃来
者，向为该国某部大臣，性甚谲伪，隐欲谋总统之位，无如众望未孚，
致未遂愿，怏怏辞职而去。③

　　（二）英轮船公司总理澳町，因侵吞公款、伪造帐目，各节情真据
实。经港官判定监禁六年。足见西人于银钱出入丝毫不能苟且，如
有作伪，一经察觉，控案立予重惩，从此终身废弃，为人所不齿。虽请
有状师申辩，亦觉理穷词竭，无以幸免。此等案件若在华人犯之，虽
经年累月尚恐不能讼结，则亦徒兹案牍笔舌而已。④

----

①　李提摩太：《时报》，1890 年 9 月 4 日。
②　李提摩太：《时报》，1890 年 9 月 8 日。
③　李提摩太：《时报》，1890 年 9 月 4 日。
④　李提摩太：《时报》，1891 年 4 月 21 日。

从以上摘录诸例可以清晰地发现,李提摩太主笔的《时报》着重介绍了西方主要国家先进的科学技术知识和开明的社会民主制度,"与刚于1889年复刊的广学会的《万国公报》南北呼应"①,声援了洋务运动的深入开展,同时在晚清中国进步知识分子和士大夫中酝酿了维新变法意识,触动了近代文化观的变迁,客观上推动了晚清中国在科技、军事、法律、经济、社会制度和文化思潮等方面的进步,尤其对启迪民智和提倡新学有着积极意义。

三、汇编《时事新论》

李提摩太在主笔天津《时报》的一年多时间内,发表各类文章共计二百余篇。另外,1890年8月23日,李提摩太还创办《直报》周刊,选摘《时报》一周中的重要新闻和一些时评作为特刊发行,常配以图表比较世界上不同国家在人口、矿产、铁路、电信和商贸等领域所处的位次,说明中国在经济方面的落后,鞭策晚清政府面对现实而思新求变,"事实证明,这种图表是促使中国的知识分子倡导改革的最伟大力量之一"。② 李提摩太的众多文章"在中国各地唤起大家极大的兴趣,连远在南京的张之洞也打电报要他定期将报纸直接送几份过去,其他高官也向他订购每周特刊,皇宫里每天都读该日报,而且其上的内容在皇宫和总理衙门里都经常被讨论"。③ 1894年李提摩太选取《时报》和《直报》中105篇文章和相关图表,以《时世评论》为题编辑出版,李鸿章和曾纪泽以《西学的重要性》为题作序,后以《时事新论》为题发行单行本,收集在1898年广学会出版的《新学汇编》里。对此,李提摩太在《重刻时事新论叙》中也有说明:

---

① 方汉奇主编:《中国新闻事业通史》(第一卷),北京:中国人民大学出版社1992年,第367页。

② 李提摩太著,李宪堂、侯林莉译:《亲历晚清四十五年——李提摩太在华回忆录》,天津:天津人民出版社2005年版,第195页。

③ 苏慧廉著,关志远等译:《李提摩太在中国》,桂林:广西师范大学出版社2007年版,第160页。

仆生长泰西,于各国富民教民安民新民之学宜尝深切讲求。既主时报之席,窃欲以所知所能者遍告华人,而使之共明其关系。……盖深知富民之新法实大有造于中国,其重付剞劂氏者,殆欲以广其传与故届计前后,拙作凡二百余篇而重登各报者几及其半,由今思之,各报馆主笔既以为有益而录之矣,若更裒集诸作为一帙以公诸世,尝亦可为土壤细流之助。爰取光绪十六七年间刊登时报各论,为之分别门类共成若干卷,而以是年各国清单总图列说与天舆地诸图之关系于中华者悉附于后,于戏居今之世为今之人,其可视民之日,即于困穷而不亟思有以拯之哉。重刻既竟为书数语以明缘起,而并以告世之有志于富民者。①

表七:《时事新论》总目

目录	名称	篇数	内容标题
序		1	时事新论弁言
卷一	国政	19	上谕各国使臣定期朝见谨书于后;觐见使臣关乎振兴说;两君相见论;醇贤亲王功德恭纪;亲王宜游历各国说;会忠襄公功绩述略;书鄂督开辟全楚利源示后;书重庆通商停止轮船上驶疏后;推广满洲兴旺之由;论朝鲜宜求中国保护;朝鲜宜求中国保护再论;补授要缺贵得其人说;论今日勿忧无财;论中国易于富强;论中国新兴三大事;论中国与电报之益;中国各报馆始末
卷二	外国	15	毛奇将军事略;论亚细亚人不服俄罗斯;纪俄罗斯近事;俄朝述略上;俄朝述略下;俄事转祸为福论;德国杂事纪略(1890);法国琐纪(1890);银国借款纪;论缅甸;论安南;纪游历西藏;天下四大宗论;欧洲各国开辟非洲考;非洲不能养民致失广地说
卷三	格学	7	论中国宜求格致之学;再论中国宜求格致之学;论格致学缘起;续论格致学;格致数目说略;格致宜创新机器说;论学格致必先求富国

---

① 李提摩太:《时事新论》,光绪二十年上海广学会铸板,第1页。

续表

卷四	矿务	2	山西开矿议;论开煤矿之益
卷五	通商	4	论中国宜特设商部以整顿商务;振兴京津贸易说;京津修路以便商民议;铁路新章省脚价法
卷六	筑路	9	论街道;论修河;修路乃能足食论;建仓储米不如推广铁路轮舟说;御水赈饥莫如推广铁路说;造铁路即以救灾说;铁路侵地说;创造铁路宜先使民人咸知利益说;论放赈不如防灾
卷七	养民	10	西国富户利民说;西法有益于民说;转移积患说;养民说略;论民;答问养民事宜;论贫民有望;游民有业论;论工人宜渐富;五洲渔人生计说
卷八	新学	12	论学人;论学校;求儒救民说;论士宜兼习养民新学;农人新法纪略;论新学部亟宜设立;论不广新学之害;推广圣贤博学说;论英国伦敦博物院书楼;宜习英文说;论西学宜设特科
卷九	利源	7	论产业宜与人数并增;论银行;中外金银涨落说;论金银涨落极有关系;论理财宜清厘款目;论邮政;纪西国送信章程始末
卷十	军务	5	说兵;论水师一;论水师二;论水师三;论水师四
卷十一	教务	6	以教救世之法;豫弭教祸说;保护无辜论;教务本末上,教务本末中,教务本末下
卷十二	杂学	9	气球考;电学考;煤油述略;塞门德土(注:水泥)纪;制造钢铁纪略,说医;税考;加税辟地议;纪灯浮之益
跋		1	报中杂论跋
图说		20	地球图;亚细亚小图;开辟疆域图;新辟非洲图;各国幅员英方里图;各国人数图;各国人地图;本朝人数图;五洲各教人数图;五洲各教所辖地图;亚洲各教所辖地图;各国识字人数图(1850);各国识字人数图二(1881);中西生齿图;列国学校清单;西国喜事图,西国丧死图;自京师至各省里数日期图(走土路);自京师至各国里数日期图(走铁路);自上海至各处里数日期图(坐轮船)

资料来源:《时事新论·总目录》,光绪二十年上海广学会铸板,第1—6页。

　　李提摩太在《时事新论·弁言》中先对西学大加赞赏:"欧洲各国新学日出,精益求精,要在熟思审虑,主善惟师,当仁不让,取人之长,补己之短,勿狃于陈言,勿拘于成法,勿因循而误事,勿苟且以图功,广益集思,通权达变,将见持盈保泰之功,长治久安之道。"①随后李提摩太又对晚清中国的阶级矛盾和民族矛盾进行了鞭辟入里的剖析:"今中国大开海禁,中外一家,为三千年未有之变局。就目前而论,玉帛往来,相敦辑睦,似可不必鳃鳃过计。然强俄窥伺于北,英法侵吞于南,而日本且逼于东,缅甸安南藩篱已撤,高丽西藏觊觎尤深。况乎外忧未已,内患迭乘。"②进而指出晚清危局的原因及其解决办法:"推原其故,皆由中国新学之未立,闻见之不广,若果以新学为训,不独外患可消亦,内灾可弭。兵法云,知己知彼,百战百胜,此之谓与欧洲各国报馆林立、各国利弊无不周知故,新学中以报馆为教育人材之一端。"③上表是《时事新论》总目,由此可以看出,李提摩太在《时事新论》正文中传递的信息要点有三:(一)政治是前提,晚清政府应从战略上认识通商互市、革故立新的重要性,泰西列国的兴衰迥异便是明证;(二)经济是基础,养民是目的,为此要切实推行开矿、筑路、钢铁、邮政、银行等经世致用之实业;(三)教育是根本,务必兴办新学,向西方学习格致之学,开民智,振民心,除旧习,求富强。

①　李提摩太:《时事新论·弁言》,光绪二十年上海广学会铸板,第2页。
②　李提摩太:《时事新论·弁言》,光绪二十年上海广学会铸板,第2页。
③　李提摩太:《时事新论·弁言》,光绪二十年上海广学会铸板,第3页。

第三节 执掌广学会时期(1891－1916)

1887 年 11 月 1 日,韦廉臣(Alexander Williamson)联络赫德(Robert Hart)、林乐知(Young Allen)、慕维廉(William Muirhead)等西方传教士、领事官员、商人等在上海成立了同文书会,英文名为"The Society for Diffusion of Christian and General Knowledge Among the Chinese",直译为"在华人中传播基督教与一般知识协会",赫德为会长,时称总理,韦廉臣为总干事,时称督办,负责日常工作。1894 年改称广学会,起初英文名没变,1905 年改为"The Christian Literature Society for China",直译为"中国基督教文献协会",成为晚清和民国期间重要的出版机构。1956 年 12 月 5 日,广学会与中华浸会书局、青年会全国协会出版部和中国主日学合会联合组成中国基督教联合书局,前后历时 70 年。1891 年 10 月,经赫德推荐,李提摩太接替韦廉臣出任总干事,并在此任长达 25 年,成为广学会历史上最重要的人物。正是在他主持的前十年间,广学会介绍著译西学最多,对中国社会影响最大。"1900 年以后,一因中国自己翻译人才成批出现,二因日译西书大量涌入,三因广学会出版书籍越来越限于宗教范围,其社会影响逐渐式微。"[①]

一、组织著译书籍

广学会的宗旨是面向中国的知识界和商业界,著译出版书刊和编辑发行报纸,向晚清民众传播西方文化,含有"以西国之新学广中国之旧学"之意。《同文书会发起书》直言:

> 本会的目的归纳起来可有两条:一为供应比较高档的书籍给中
> 国更有才智的阶层阅读,二是为供应附有彩色图片的书籍给中国人

---

① 熊月之:《西学东渐与晚清社会》,北京:中国人民大学出版社 2010 年版,第 439 页。

家庭阅读……为此,我们的目标是面向公众,包括知识界和商界,在我们向他们提供真科学的同时,要努力使之具有吸引力,以达到他们目前能看得懂的程度。采取此项新措施的理由是:

> 很早以来中国人最大的特征就是注重学问以及他们对之所树立的荣誉。他们的英雄人物不是武士,甚至也不是政治家,而是学者……每一个观察家一踏上他们的国土就会感触到这些特征,并且导致凡欲影响这个帝国的人必定要利用出版物……士大夫们充斥在帝国各地而且受到高度的尊敬,事实上他们乃是这个帝国的真正的灵魂,并实际地统治着中国。这就很明显,如果我们要影响整个中国,就必须从他们下手;只有当我们愈是博得士大夫的尊敬,我们在中国的事业才愈能顺利进行。①

李提摩太到任后的第一件事就是确定官员和文人作为重点工作对象,并通过广泛调查和慎重考虑得出相关人数。他在 1891 年同文书会年会上说:"我们的工作重点对象共计 44036 人……要把这批人作为我们的学生,我们将把有关对中国最重要的知识系统地教育他们,直到教他们懂得有必要为他们的苦难的国家采用更好的方法为止。"②

广学会最重要的工作就是出版西书。据估计,广学会先后著译和出版了宗教、地理、历史、天文、哲理、政治、理化、实业、法律、教育等十多个方面的 2000 多种书籍,其中从 1887 年至 1900 年,广学会出版书籍约 176 种,至 1911 年,共出版 461 种,其中纯宗教类书籍 138 种,约占 29.9%,既含宗教又含其他西学内容的书籍 85 种,约占 18.4%,其他非宗教性西书 238 种,约占 51.6%。③ 1900 年之前影响较大、传播较广的著译西书,除上述表五(第 43—45 页)列举的李提摩太的诸多作品外,还有韦廉臣的《格物探原》(1888);花之安的《自西徂东》(1888)、艾约瑟的《富国养民策》(1893);林乐知的《中东战纪本末》(1896)和《文字兴国策》(1896)等。广学会的著译西书中大多属于编著,译述作品较少,或许因为虽然译述在

---

① 转引自顾长声:《传教士与近代中国》,上海:上海人民出版社 2013 年版,第 133 页。
② 《同文书会年报》第四号(1891),载《出版史料》,1988 年第 3、4 期合刊,第 60 页。
③ 熊月之:《西学东渐与晚清社会》,北京:中国人民大学出版社 2010 年版,第 440 页。

一定程度上也能体现译者的思想意识和情感倾向,但编著创作更能直抒胸臆,晚清变局中危机四伏,社会需要真知灼见的批评和讨论,而著译主体传教士既对中国有所了解,又不受中国政府的管辖约束,可以畅所欲言,自然更胜任社会批评的角色。

相较于官方译书机构偏重于自然科学方面的译介,广学会出版的书籍偏重人文社会科学方面的知识文化,同时注重对中国传统文化的讨论思考,针砭时弊,鼓吹变法,亦即林乐知所述的"醒华"与"兴华"。著译西书中有的介绍世界地理、历史、外交、教育以及其他近代文明发展情况,鞭策晚清中国"睁眼看世界",有的批判中国社会文化糟粕之处,如《中东战纪本末》批评时人骄傲、愚蠢、欺诳、贪私、因循、游惰等积习,《自西徂东》则批评了中国专制、男尊女卑、缠足、溺婴、八股取士等陋习,体现了"醒华"的初衷和效果。其他著译西书提出众多"教民、养民、安民、新民"的变法建议,如兴学、办报、采矿、冶金、兴建铁路、开办银行、奖励工商、改进税收、设置议院,等等,则属于"兴华"范畴,既呼应了洋务派的经世致用思潮,也启发了维新派呼吁变法以救国富民的政治诉求。

二、领导发行期刊

广学会编印发行了《孩提画报》《训蒙画报》《成童画报》《万国公报》《女铎报》《中西教会报》《福幼报》《明灯》《大同报》《道声》《民星》《女星》和《平民家庭》等十几种中文报刊。基本在李提摩太任内发行且影响较大的报刊中,《中西教会报》1891年创刊,1912年改名,月出一期,是一份以教徒为主要读者的宗教性杂志;《大同报》1904年创刊,1914年改名,是一份综合性周刊,有社说、外论、西报选译、西书选译、新闻选译、智丛、艺文杂纂等栏目。广学会发行的众多期刊中,著译西学最多、传播西学最广、影响力最大的当属其会刊《万国公报》①。

《万国公报》的前身是《教会新报》(*The News of the Churches*),创办

---

① 康有为、陈炽等于1895年8月17日创办了另一份《万国公报》,梁启超、麦孟华担任编辑,是维新派出版的第一份报刊,因广学会林乐知主编的《万国公报》在官府中行销有年,故袭用其名,以利推广,强学会成立以后,于12月16日改名为《中外纪闻》,梁启超、汪大燮为主笔。

于 1868 年 9 月（同治七年七月），发行人是美国传教士林乐知，初名《中国教会新报》，每周一刊，每刊四张纸八个版面，内容多为宗教性质，从 1872 年 8 月 31 日后第 201 卷改名为《教会新报》，前后发行六年共 300 卷（期）。从 1874 年 9 月后第 301 卷改名为《万国公报》，卷数续前，刊名的更改，源自思想的变化，此时的创刊宗旨和读者对象都有了变化，已不完全是当初宣称的传教和联络教友。《万国公报》每期由原来的 8 页增加到 12 页，评说世俗社会和介绍科学知识的内容有所增加，宗教内容比重下降，成为以时事新闻、西学译介为主题的综合性期刊。1883 年 7 月 28 日发行至第 750 卷，因林乐知忙于筹建中西书院而一度停刊，后于 1889 年 2 月（光绪十五年正月）复刊，仍由林乐知主编，李提摩太和丁韪良等传教士都参与过编撰工作，但改为月刊，册次另起，并成为广学会机关报，直至 1907 年 12 月第 227 册终刊。

《万国公报》的主要栏目有中国事务、各国新闻、时事评述、科学知识、教义教务和人物介绍等，卷帙浩繁，荟萃西学，不仅广学会出版的书籍多先在《万国公报》连载，而且其新闻报道和时事评述中亦有西学内容。《万国公报》以主要篇幅介绍了英国、美国、法国、日本、德国、俄罗斯等多个国家和地区的近事、新事，上至国与国之间的战争、政权的更替、条约的签修、总统的轮换、科技发明，下至学校创建、修桥筑路、开挖矿藏、垦田开荒、进出口岸等，不仅增长了中国官员和知识分子的知识，开阔了他们的视野，更刺激他们对本国问题的痛彻思考。

《万国公报》的投稿作者，不仅有李提摩太、林乐知、慕维廉、韦廉臣、傅兰雅、丁韪良、狄考文、李佳白、花之安、玛高温、倪维思、德贞、潘慎文、杨格非等来华传教士，还有五百余名中国报人，如沈毓桂、蔡尔康、林朝圻、王绍福、贾步纬、张萌清、郑雨人、陈鸣鹤、袁克仁、李有美、王次星、杨用之、郭柏荫、曹子渔、杨鉴堂、袁康、王佐才、颜永京、周家树等，另外还有晚清思想、政治、外交界的重要人物如郑观应、王韬、郭嵩焘、胡礼垣、薛福成、曾纪泽、康有为、孙家鼐、孙中山等。文后注明的作者所在地，有上海、南京、北京、天津、广州、重庆、汉口、厦门、无锡、扬州、常州、福州、杭州、宁波、济南、九江、芜湖、奉天、桐城、台北、香港、旧金山等五十多个城市。①

《万国公报》实际发行时间长达 35 年,累计出版 750 卷(复刊前)和 227 册(复刊后),最初印数为 1000 份,1894 年增至 4000 份,1897 年 5000 份,1898 年最多,达到 38400 份,是同时代中文报刊中历史最长、发行最广的期刊。《万国公报》影响力最大的阶段也正是作为广学会会刊的这一时期,它的盛誉与作为广学会总干事李提摩太的组织领导是分不开的。总体来看,《万国公报》名义上是一份教会报纸,但是有关教会的新闻和阐明教义的文章却不多见,刊物上大量刊载的则是评论中国时局的政论和介绍西方国家情况的文章,是一份综合性的时事刊物。李提摩太在《万国公报》上也发表过众多文章,主要涉及宗教、时事、政论、历史、教育、西方科技、人物传记诸方面,现将单独署名的文章统计如下。

表八:李提摩太在《万国公报》上单独署名的著译作品

序号	署名	篇名	原刊卷册	合订本	类别
1	李提摩太	《耶稣教士写书信给中国行善之家》	第 353 卷	3	宗教
2	中西友	《近事要务》	第 664－675 卷	14	宗教政论
3	李提摩太编辑	《新学》	第 2 册	16	教育
4	李提摩太	《富晋新规》	11	17	政论
5	李提摩太	《救世教益》,初名《从史实看基督教的益处》	24－37 72－82	18－20、23－25	宗教政论
6	析津来稿	《回头看纪略》	35－39	19、20	文学
7	李提摩太	《民教相安释疑篇》	37	20	宗教
8	李提摩太敬拟	《恭纪大清大皇帝学习英文事》	37	20	政论

---

① 参见熊月之:《西学东渐与晚清社会》,北京:中国人民大学出版社 2010 年版,第 324 页。

续表

9	李提摩太	《分设广学会章程》	39	20	
10	李提摩太	《五洲教务》	40、41	20	宗教
11	李提摩太	《广学会启》	41	20	
12	李提摩太	《养民有法说》	54	21	经济
13	李提摩太	《大国次第考》	54	21	历史
14	李提摩太	《拟广学新题征著作以裨时局启》	67	23	征文
15	英李提摩太	《新政策》	87	25	政论
16	李修善	《崇实黜浮说》	90	25	政论
17	英国李提摩太著	《帝王初学》	111—116	28	历史
18	李提摩太	《新字述略》	114	28	语言
19	李提摩太稿	《经学不厌精跋》	114	28	宗教
20	李提摩太节译	《格致书院振兴西学记》	116	28	教育
21	李提摩太菩岳氏译	《上海救牲记》	116	28	宗教
22	李提摩太节译	《格致书院振兴西学记》	116	28	教育
23	英李提摩太撰	《新政诀》	117	28	政论
24	李提摩太译	《一月百电》	117	28	科技
25	英李提摩太著	《醒华博议》	118—120	29	政论
26	英李提摩太选译	《泰西新政记》	121	29	历史
27	英国李提摩太著	《中国宜于教会主持公道论》	187	36	宗教
28	李提摩太	《仇教会即仇中国论》	215	40	宗教

资料来源:《万国公报》,台北华文书局 1968 年影印合订本。本表仅收录单独署名李提摩太的作品,其他合作著译的作品将在下文表九(第 73 页)中单独列出。《回头看纪略》(即单行本《百年一觉》)初刊时并未署名,仅先后标注"来稿"或"析津来稿",根据《万国公报》1891 年 12 月第 35 册首载其文中的"序言"可推知译者就是李提摩太。

三、主持赠书、征文

广学会出版发行的书刊早期主要由美华书局和申报馆经销,后由广学会在各地设立的经销处负责出售,到1899年广学会在全国的经销处多达35处。广学会扩大影响的另一有效方法则是赠送书刊,主要有两种途径:一是在每次举行乡试、省试、会试科举考试时,派人到考场外向考生赠书,二是利用私人交往,向各级官员赠送书刊。所赠送书籍有宗教宣传品,但更多的还是介绍西方时政和科学知识的读物。如1892年春,北京举行会试,李提摩太派员分送考生及周边民众5000册《中西四大政》,这一年还向中国十个省的行政长官赠送了《救世教益》。1893年,慈禧太后六十寿辰,全国举行恩科考试,广学会在沿海十省考生民众赠书60000册,同时重印《自西徂东》2000册,主要赠送给晚清政府高级官员。据不完全统计,截至1900年,李提摩太主持下的广学会赠送各类书刊共计302141册,其中最多的是1897年,为121950册。①

举办有奖征文是广学会扩大影响的另一重要手段。19世纪七八十年代开始,《万国公报》就进行过多次征文,早期主题基本属于宗教性质,后来逐渐转向西学。1889年,韦廉臣就以"格致之学泰西与中国有无异同"和"泰西算学何者教中国为精"为题进行征文,结果收到论文20篇,其中4篇获奖,分别获奖金(白银)10两、7两、3两和2两。慕维廉评阅说:"这些论文证明他们对科学方面是有不少知识的,所达到的水平比预期要高得多。"②1893年广学会曾以"五洲利国利民新法"为主题进行征文,英国传教士贝德礼撰就《农学新法》一文,后由李提摩太和蔡尔康译述并刊发在《万国公报》1893年5月第52册。

1894年全国乡试期间,李提摩太在北京、苏州、杭州、广州、福州五地举办征文,英国商人汉璧礼应李提摩太之请,捐银600两作为经费。题目

---

① 熊月之:《西学东渐与晚清社会》,北京:中国人民大学出版社2010年版,第441页。
② 《同文书会年报》第二号(1889年),载《出版史料》,1988年第2辑。

如下：

　　一、开筑铁路、鼓铸银钱、整顿邮政，为振兴中国之大纲论。附注：日本新设邮政局，请参其成法，以资集思广益之助。

　　二、维持丝茶议。附注：外洋所需丝茶，多仰给于中国，非天气地脉之不尽宜也，人工之贵于中国也。中国亟宜先求各国之良法，以制新机，然后缫丝而经纬愈匀，焙茶而色香俱足……诸君望重乡间评精月旦，请抒宏议，以牖愚民。

　　三、江海新关考。附注：中国广开江海各关，稽征来往外洋货船税钞，垂三十余年矣，有益于国计民生者何在，请详考之。

　　四、禁烟橄。鸦片烟久为民害，中国欲禁之意，必有见诸行事、确凿可凭者，谓宜畅发吟微，宣示逖迩，并声明印度禁烟入华后，华民尚复私栽罂粟，作何治罪，庶几名正言顺，外人无可置词。诸君本此二端，作为一橄，诛物而不责人，则无害海邦交，而烟窟化为月府矣。

　　五、中西敦睦策。附注：中西通好以来，间或小有龃龉，今宜操何术以融芥蒂，而使交涉诸事，益敦睦谊，诸君必有良策，愿拭目而观之。①

　　早在乡试之前，广学会就在上述五个城市散发了一万张征文通知，要求应征者必须五题全做，每题四五千字，不拘形式，收稿站设在上海虹口昆山路中西书院，收稿人为林乐知，评阅人为王韬、沈毓桂和蔡尔康。最终收到应征论文 172 篇，其中 70 篇获奖，一等奖 5 名，奖白银 16 两，二等奖 5 名，奖白银 12 两，三、四、五等奖各为 10 名，奖白银分别为 10 两、8 两、6 两，六等奖 30 名，奖白银 4 两。这是广学会举办的影响最大的一次征文活动，其中康有为的文章就获得六等奖，署名为"康长素"。这些征

---

　　① 李提摩太：《拟广学新题征著作以裨时局启》，载《万国公报》第 67 册，台北：华文书局 1968 年影印合订本，第 23 本第 14591－14594 页。

文活动既扩大了广学会及《万国公报》在中国的知名度,也是对新教的顺势隐性宣传。更重要的是,众多中国知识分子积极参与应征撰文,加深了对晚清社会危局的认识和对西方先进科学的认可,对中国未来的出路提出了各自从微观到宏观的建议,掀起了中国人自己办刊办报的热潮,尤其对维新变法意识起到了推波助澜的作用。

第三章　李提摩太西学著译的主题内容

　　文化传播学有一种"优势原理",亦即文明程度越高的文化越容易传播,这种优势文化具有顽强的生命力和巨大的影响力,征服者靠坚船利炮可以轻易占领外邦土地,但若没有文化优势最终也是无法站稳脚跟的。伴随着殖民扩张浮槎东来的传教士意识到,基督教义在中国与儒家文化相比并无绝对优势,真正能吸引晚清国人的还是西方相对先进的科学文化,为此"以学辅教"进行西学东渐不可避免。"百年之中,西学输入,或由政府规划,或出个人胸臆,或为西人控制,或系华人主持,尽管他们的终极目标各有不同,但从中国实际出发、比较中西异同、引进西学、改造中国的操作原则却有相通之处。中国社会的变动曲线,也就成了西学东渐的主线。"①李提摩太也不例外,他立足晚清变局,审时度势,笔耕不辍,西学著译成果丰硕,涉及科学启蒙、放眼世界、救亡图存和富国强民等多个层面。本章选择他的部分重要著译作品,立足文本内容,梳理其中对晚清历史进程和文化转型影响最深的三大主题:政治维新思想、经济图强理念、教育革新意识。当然,同一作品不可避免会融合包含不同的主题内容,如此划分也是为了表述方便和层次清晰。

---

　　① 　熊月之:《西学东渐与晚清社会》,北京:中国人民大学出版社 2010 年版,第 15 页。

第一节　政治维新思想

一、《列国变通兴盛记》中的变通与守旧之别

　　《列国变通兴盛记》写于 1894 年 7 月，后由广学会出版，全书共四卷，即《俄罗斯变通兴盛记》《日本变通兴盛记》《印度变通兴盛记》和《缅甸安南变通兴盛记》，其中俄罗斯、日本是变通而兴盛的典型，缅甸、安南(越南)是守旧衰败而急需变通的典型，而印度则是在英国帮助之下正在实行变法而逐步走向富强的例证。与同年稍早开始在《万国公报》连续刊出的《泰西近百年来大事记》一样，李提摩太编写出版《列国变通兴盛记》显然也出于"醒华"的目的。在华多年的生活经历让他察觉到，洋务运动的所谓"中兴"背后却是强邻环伺，虎视眈眈，隐藏着深重的民族危机。他在该书弁言中呼吁国人，惟有变法，才能图强：

　　　　仆不敏，亦尝浏览乎方今之局势，而熟察其治乱盛衰之故。窃谓凡能遍交邦国而达于其政，弃瑕握瑜以裨本国者，无不有治，无不有盛，否则衰乱相寻，人尽飞行绝迹，我惟常居卢后而已。呜呼，可不惧哉！中国学校如林，人才辈出，及叩以各国之新政，非瞠目而不能答，即强颜而以为不必知，知之矣，非仅得其皮毛，即误会其腠理。以华人之聪明智慧，何至昏昏然如隔十重帘幕？此无他，不学之故也。千古不学而能之上圣，历数曾有几人？诚使以天赋之灵襟，济之以天开之新学，则夫外邦之所以变通、所以兴盛者一一了然于胸次，而外事之可以自警、可以取效者，亦一一洞烛于几先，二十年后，中国不兴也泞焉者，微特断无其事，抑且断无其理。而顾日复一日，年复一年，忽

忽悠悠,因循不改,有志之士,所以扼腕而长叹也。①

表九:《列国变通兴盛记》前三卷目录

目录	名称	篇数	内容标题
序		1	弁言
卷一	俄罗斯 变通兴盛记	11	俄事缘起;俄皇轶事;夺唉兆海口游历西国;叛卒伏诛;平定属国;波罗的海诸省;瑞典拜灭;整顿国政;改变旧俗;国政戎务教国;商务
卷二	日本 变通兴盛记	15	改纪国政之由;改变内政;改变外务;仿效西法;交通西国;日皇出游;水师;铁路;学问;道德为各学之本;设会;(附)三条实美公小传;(附)有栖川亲王小传;(附)岩仓具视、伊藤博文合传
卷三	印度 变通兴盛记	9	疆宇(域);俗尚;教化;商情;官职赋税;学业;道途;学校;铁路
卷四	缅甸安南 变通兴盛记	2	(分别对缅甸、安南做总体简述)

　　由此可见,该书主要介绍的是俄、日两国通过变法而成强国之事,"以为锐意谋新者之嚆矢"。②李提摩太尤其强调一国君主在国家变通兴盛中的关键作用。他在《俄罗斯变通兴盛记》开头即盛赞彼得大帝的丰功伟绩:"国之兴衰,虽曰天命,岂非人事哉!方俄罗斯之受困于人也,距今才二三百年耳,昔何以日蹙百里,今何以雄跨两洲,昔何以守株一隅,今何以带甲百万!然后知故君彼得之奋发有为者,其功烈之留遗为至远也。"③李提摩太在《日本变通兴盛记》中强调,日本原本只是个东瀛小国,"其政弊民贫俗陋,几为五洲各国之所不齿",但经过明治维新,"忽焉有

---

① 李提摩太:《列国变通兴盛记·弁言》,广学会 1898 年,第 1 页。
② 李提摩太:《列国变通兴盛记·弁言》,广学会 1898 年,第 2 页。
③ 李提摩太:《列国变通兴盛记》(卷一),广学会 1898 年,第 1 页。

今日之强者,何也? 一曰改变内政,一曰改变外务,日人浑其名曰维新之治,然则日本今皇诚人杰矣。"①该书写作之时,正是中日甲午酣战而中国渐露败绩之际,李提摩太对比中日军势、国势后感慨不已:"独惜中国之幅员生齿皆十倍于日本,乃至堂堂铁舰,未遑与日本相见于重瀛,然则小诚可以敌大,寡诚可以敌众乎。呜呼!此其中必有故焉。"②

甲午战争的溃败,引起举国上下的震惊与悲愤,国人心目中败于西方列强的坚船利炮似乎情有可原,却无法接受败于昔日"东瀛藩国"的奇耻大辱。正是在这种深重的民族危机下,追责自省之声此起彼伏,变法图强之音不绝于耳:"吾国四千余年大梦之唤醒,实自甲午战败割台湾偿二百兆以后始也。"③此后该书对国内维新运动的酝酿和推行颇有影响。康有为在《上清帝第五书》中特别介绍此书,坦言变法应该效师俄罗斯和日本,因为两国过去疾贫羸弱与中国相似,如今通过变法由弱转强,正是晚清中国需要学习的榜样,"且于俄、日二主之事,颇有发明。皇上若俯采远人,法此二国,诚令译署进此书,几余披阅"。④ 叶瀚也特别推崇此书,"读史先明法戒,则李提摩太之《列国变通兴盛记》先宜读也。是书上论俄日两国兴盛之由,全在变法自主;下论越南、印度守旧,弊政灭亡。变通之盛,全属人为,一可法,一可戒,用意甚佳"。⑤

维新派在兴起和发展过程中,一直把李提摩太敬奉为"吾人维新运动的一位良师"⑥,奉其教导几近如圭臬,拜为珍宝,加以借鉴,以西警中,最终构建自己的维新思想体系。受维新派影响,光绪帝也订阅了全套《万国公报》和89种广学会出版的书籍,日夜阅览,痛定思变。⑦

在戊戌变法功败垂成之际,广学会于1898年8月特意重版《列国变通兴盛记》,在舆论上明确呼应和支持维新派。在9月维新变法被扼杀

① 李提摩太:《列国变通兴盛记》(卷二),广学会1898年,第18页。
② 李提摩太:《列国变通兴盛记·弁言》,广学会1898年,第2页。
③ 梁启超:《戊戌政变记》,载《饮冰室合集》,北京:中华书局1989年影印本,第1页。
④ 汤志钧编:《康有为政论集》上册,北京:中华书局1981年版,第208页。
⑤ 叶瀚:《初学宜读诸书要略》,仁和叶氏刊1897年,第4页。
⑥ 苏慧廉著,梅益盛、周云路译:《李提摩太传》,上海:广学会1924年,第99页。
⑦ 方汉奇:《中国近代报刊史》上册,太原:山西教育出版社2012年版,第30页。

后,李提摩太一方面积极帮助包括康有为在内的许多维新人士逃脱追捕,并试图营救被软禁的光绪皇帝,另一方面随即在 10 月《万国公报》上撰发《说锢》一文,抨击保守势力的迂腐顽固。该文开篇即指明晚清中国专制下的因循守旧:"天下之罪人,临以天下之官法,锢诸一隅,俯仰莫得自由,苦况实难殚述,然仅锢其身也,独至中国,本以无罪之人,而竟甘自锢其心。"①为此他认为,"古圣人之道,可万年而不变,而法则无历久不蔽者,惟后人补救耳……变古不为怪也"。② 李提摩太尤其嘲讽顽固派抱残守缺,不愿意向西方学习:"后世迁儒,徒抱遗经,穷年占毕,无非咀嚼古人之糟粕,凡古人所未言而未行者,无论其于天下益焉否也,皆窃窃然怪之,以为是古所未有也。……古意荡然,儒者规于二千年之敝俗,动曰,西洋之法,我中国不常学也,无论其识之陋而不广也。明知西法之有益于生灵,而故为骄矜闪避,视吾民之颠连困苦而莫之动。"③他进而指出,相比于欧美"地极各国罗列目前,轮舟电报瞬息可通",中国的社会经济危机一览无遗,"中国所需之物,皆仰给于他人,洋货充斥天下,而不能禁人不用也,民间之财,日出于外洋,而无善法以塞漏卮,天下日趋于穷困"。④ 他认为唯一的补救措施就是应时解锢,学习西方,变法图强。

二、《百年一觉》中的乌托邦梦想

《百年一觉》是最早译介到中国的西方文学小说,原著是美国作家爱德华·贝拉米(Edward Bellamy)的小说 *Looking Backward*,*2000 - 1887*,1888 年初版,随后由李提摩太译入中国,1891 年 12 月至 1892 年 4

---

① 李提摩太命意,鼎星小浦氏撰文:《说锢》,载《万国公报》第 117 册,台北:华文书局 1968 年影印合订本,第 8 本第 18007 页。
② 李提摩太命意,鼎星小浦氏撰文:《说锢》,载《万国公报》第 117 册,台北:华文书局 1968 年影印合订本,第 8 本第 18008 页。
③ 李提摩太命意,鼎星小浦氏撰文:《说锢》,载《万国公报》第 117 册,台北:华文书局 1968 年影印合订本,第 8 本第 18008—18009 页。
④ 李提摩太命意,鼎星小浦氏撰文:《说锢》,载《万国公报》第 117 册,台北:华文书局 1968 年影印合订本,第 8 本第 18009 页。

月连载于《万国公报》第 35 至 39 册,题名《回头看纪略》,1894 年由广学
会出版单行本,更名为《百年一觉》。① 全书除首页《并序》外,共有二十八
章。

表十:《百年一觉》目录

章目	标题	章目	标题	章目	标题	章目	标题
一	工争价值	八	前事难安	十五	遍览新书	二十二	新法富民
二	延医入蛰	九	市面改观	十六	安慰闷忧	二十三	两美将合
三	一睡百年	十	货局新章	十七	货局举君	二十四	昔日争端
四	始通姓名	十一	空室闻乐	十八	老有所养	二十五	男女并重
五	百工属国	十二	历时须记	十九	牢狱空虚	二十六	今胜于古
六	新章无弊	十三	工省价廉	二十	百年前物	二十七	缔结良姻
七	薪资平允	十四	新机蔽雨	二十一	人皆读书	二十八	诸苦必救

　　小说的故事梗概是:主人公朱利安·韦斯特(Julian West)是一位患
有失眠症的美国青年。1887 年 5 月 30 日,他由医生催眠入梦,哪知昏睡
中房屋失火倒塌而被埋地下,一觉醒来,已是 2000 年 9 月 10 日。在这
113 年间,美国已变成合作式联邦,整个社会发生了巨大变化。物质生活
方面,过去衣食粗疏,房舍简陋,现在科技发达,物产丰富,丰衣足食;社
会关系方面,过去贫富分化,阶级对立,现在企业国有,人人平等,各展所
长,老有所养;精神生活方面,过去尔虞我诈,道德沦丧,现在秩序井然,
文明有礼,娱乐丰富,幸福安康。总之,"向日为民主之俗",如今"则真所
谓大同之世也"②。小说除首尾两章外,其余各章内容基本以对话方式展
开,由第一人称叙事者"我"提问,引导出有关社会变化的话题,然后由主

---

① 原作者又译成爱德华·毕拉宓,《回头看纪略》初刊时并未署名,仅先后标注"来稿"和
"析津来稿",根据《万国公报》1891 年 12 月第 35 册首载其文中的"序言"可推知译者就是李提摩
太,当然少不了蔡尔康的合译。
② 爱德华·贝拉米著,李提摩太、蔡尔康译:《百年一觉》,上海:广学会 1894 年,第 12 页。

要叙事者——利特医生(Dr. Leete)及其妻女——的长篇大论来描述和评论这些变化。该书强调了对科学进步的拥护,以机器征服自然,消除贫困,杜绝犯罪,取缔军队,消除阶级,追求社会平等和正义,表达了对未来乌托邦式理想社会的憧憬。

　　Looking Backward, 2000 - 1887 是一部优秀的文学作品,"将一个19世纪的人物移到20世纪末的那种匠心独具的手法,本书结尾描绘的梦境所具有的那种生动而富于戏剧性的特点,都足以证明这位经验丰富的小说家的艺术手腕使本书在传奇小说中独创一格"。[①] 李提摩太的译本《百年一觉》虽然保留了原著的叙事结构和顺序,但却调整了叙事语态,将原著的第一人称叙事视角改为第三人称叙事视角,更是为每章添加四字标题,概括主旨内容,并以文言为译语,目的自是顺应中国的文学审美传统,进而扩大译作的读者群。与原著相比,《百年一觉》最大的变化是删除了原著中大量的文学意象、人物对话和心理描写,着力于发掘其中的政治和经济意义,以呼应晚清中国日益高涨的变法维新意识,著译的特定目的无形中操控了著译的策略细节。李提摩太介绍原著时说,"因其书多叙养民新法,一如传体,故均喜阅而读之,业已刊印数十万部行于世"。[②] 显而易见,他将原著类比于中国传统史传,而无意译介虚构小说这种新的文学形式,他强调的只是"养民新法",另外论及诸如劳资纠纷、教育、犯罪等政治和社会问题,这些都与译者在同时期其他著译作品中反复申说的"救国良策"一脉相承。基于这样的译述目的,译者对原著进行了选择性节译,"今译是书,不能全叙,聊译大略于左"。[③] 译本约八千余字,篇幅只有原著的二十分之一,仅保留了小说的框架结构和故事梗概。

　　译本对原著的删减最明显之处是小说的开头,原著的"作者序"交代了作者身份、写作时间、论述话题和文体特征等,引导小说叙事者即主人

---

　　① 西尔威斯特·巴克斯特:《〈回顾〉作者的生平》,爱德华·贝拉米著,林天斗、张自谋译:《回顾》,北京:商务印书馆1963年版,第2页。

　　② 爱德华·贝拉米著,李提摩太、蔡尔康译:《百年一觉·并序》,上海:广学会1894年。

　　③ 爱德华·贝拉米著,李提摩太、蔡尔康译:《百年一觉·并序》,上海:广学会1894年。

公朱利安·韦斯特的出场,这些都是小说真正的作者贝拉米精心设计的叙事模式,但在《百年一觉》中都被译者有意无意中忽略删除了,或许一是由于译者根本就不懂叙事技巧,二是由于这与"养民新法"毫不相关。又如原著第一章将美国社会分成四个等级,并逐一说明,为了描绘等级差别和贫富差异,作者又将社会比作一辆坐满形形色色人物的大马车(a prodigious coach),上等人在悠闲地欣赏风景,下等人则在为生计奔波,场景描写生动,对比鲜明,人物栩栩如生,但在译本中仅删减成"时美俗人分四等,曰贫富智愚"①,就简单概括了当时整个美国的社会状况。再如《百年一觉》第十四章题名为"新机蔽雨",介绍空中有一巨型"避雨机",每逢雨雪天气,"街卒手按一机,恍若橡皮布,支起若苍,人行其中,并有电光照耀,不黑暗"。② 该章描述其实仅是原著同一章的开头部分,表达了对未来科技进步和生活安逸的憧憬,而余下长篇对话情节因与此主旨无关而未译出。

《百年一觉》的译述出版,对晚清思想界产生了一定的触动。康有为较早阅读过该译本,受其影响,将自己撰写的《人类公理》草本改名为《大同书》出版。与《百年一觉》一样,《大同书》也采用对比手法,评判旧时的落后和丑恶,颂扬未来的先进和美善。康有为也声称:"美国人所著《百年一觉》一书,是大同影子。"③谭嗣同在《仁学》中说:"君主废,则贵贱平;公理明,则贫富均。千里万里,一家一人。视其家,逆旅也;视其人,同胞也。父无所用其慈,子无所用其孝,兄弟忘其友恭,夫妇忘其倡随。若西书中《百年一觉》者,殆仿佛《礼运》大同之象焉。"④无论是"大同影子"还是"大同之象",本质上都是未来乌托邦社会的理想蓝图。在译者的潜意识中,这一切自然只有通过学习西方维新变法才能实现。黄庆澄在《中西普通书目表》中评论说:"《百年一觉》原书甚繁,译出者仅尝一脔耳。

---

① 爱德华·贝拉米著,李提摩太、蔡尔康译:《百年一觉》,广学会1894年,第1页。
② 爱德华·贝拉米著,李提摩太、蔡尔康译:《百年一觉》,广学会1894年,第9页。
③ 吴熙钊点校:《康南海先生口说》,广州:中山大学出版社1985年版,第31页。
④ 蔡尚思、方行编:《谭嗣同全集》下册,北京:中华书局1981年版,第367页。

此书极有理趣,勿以谰言轻之。"①徐维则在《东西学书录》中介绍说,"(《百年一觉》)言美国百年以后事,亦说部之属。泰西人亦有此种书,甚可观。惜此本为全耳。书中多叙养民新法。原名《回头看》"。② 孙宝瑄在日记中也多次提及该书:"览李提摩太译《百年一觉》,专说西历二千年事,今尚千八百九十七年也。为之舞蹈,为之神移。"③

表十一:《百年一觉》与《礼运》会通之处

《百年一觉》		《礼记·礼运》
章目	内　　容	
五	各局尽归国家办理,各行艺业亦尽归国家统辖,此后所获利息,各工匠大众均分,不至有贫富不等焉。	天下为公
六	一切民分为二等,一作官,一作工。自幼至二十一岁,皆在学读书日,自二十一岁至四十五岁,皆作官作工时之日,二十四年之久。凡作官作工者,正出力办事之时,过四十五岁以后,苟非极有事之秋,皆安闲养老之日也。	老有所终,壮有所用,幼有所长
七	凡人在塾读书时,各人有何进益,皆有簿籍载之……因各人姿性所能,使之习各事焉。	
六	彼不能为官,又不作工者,即受冻绥,且人皆不齿。故此章一立,无一游惰之民矣。	力恶其不出于身也,不必为己
二十六	遍国人皆如兄弟,所出之力全系公出,所生之利亦全系公分,不必劝人施舍,亦无有望人施舍者。	

---

① 黄庆澄:《中西普通书目表》,算学报馆自刻,1898年,第17页。
② 徐维则:《东西学书录》下册,海南书局印行1899年,第40页。
③ 孙宝瑄:《忘山庐日记》上册,上海:上海古籍出版社1983年版,第90页。

十二	四十五岁以后,即可以安闲,国家皆有赐养,虽其家子孙不能无养,而国家视人如一家,虽有老病,俱与以样给,工价无厚薄。	故人不独亲其亲,不独子其子;矜寡孤独废疾者,皆有所养
十七	一国之君,皆由总办中选举……不但举君无弊,即办他事亦一概无弊。	选贤举能
二十二	在昔民穷多为盗,专事抢劫,今家给人足,概无此害,故犯罪者鲜焉……现今新法,使人人俱为大众计划,是以无作伪欺人之物而生意愈隆,不但益人,而且利己。	是故谋闭而不兴,盗窃乱贼而不作,故外户而不闭
二十六	百年内凡事皆大有长进,不比从前,不但养民各法比前高一等,即道德亦皆更有长进……一切事尽听国家办理,使各等人皆如弟兄,不再相争,永远相助相爱。	讲信修睦

资料来源:李提摩太:《百年一觉》,上海:广学会 1894 年;戴德、戴圣著,陈澔编:《礼记》,上海古籍出版社 1987 年版;李广益:大同新梦——清末民初文学乌托邦研究,清华大学硕士学位论文,2007 年,第 23 页。

    李提摩太以译述外国文学作品来传播新思想,并以迎合预期读者的时代需求来确定翻译策略,在晚清本土知识群体中得到了广泛认可甚至刻意模仿。梁启超就倡导"译印政治小说","将胸中所怀,政治之议论,一寄之于小说"。[1] 林纾则有"庶以译述泰西小说寓其改良社会、激动人心之雅志"[2]。他们都以译作为媒介引入维新思想,以启发民智为翻译宗

————————

① 梁启超:《译印政治小说序》,载《饮冰室合集》第八十八专集,北京:中华书局 1989 年版,第 1 页。

② 陈熙绩:《歇洛克奇案开场·序》,林纾、魏易译:《歇洛克奇案开场》,北京:商务印书馆 1908 年,第 1 页。

旨,以促进社会变革为翻译目的。同时,《百年一觉》以预期叙写描绘未来理想社会的创作手法,也引领了晚清风行一时的乌托邦小说创作,诸如梁启超的《新中国未来记》(1902)、吴汝澄的《痴人说梦》(1904)、李伯元的《冰山雪梅》(1906)、碧荷馆主人的《新纪元》(1908)、陆士谔的《新中国》(1910)等。

第二节 经济图强理念

一、《新政策》等中的"养民新法"

从 19 世纪 90 年代初到离华前,李提摩太多次发表"四民说",亦即养民、安民、新民和教民,力促晚清中国应时顺势变法图强。尽管对"四民"的表述顺序不一,说法有异,但总体上看,养民、安民部分多主张发展实业、振兴经济、消除贫困,而新民、教民部分则多从政治思想、外交政策、教育文化和宗教信仰等方面论述如何救国图强。

1892 年李提摩太在《万国公报》连载《救世教益》第七章,题为"有益于今",声称"今之五洲中西大事有四要焉,一曰养民,一曰安民,一曰新民,一曰教民"[①],提出"养民新法最要者有二十一:造机器以便制造;修路以省脚价;设信局报馆以通信息;和约通商以通五洲运售;立领事署;各国通信局;国家帮助商贾;商贾立会;设五洲各货比较厂;商贾学塾;机器学塾;关税;开垦;开矿;行钞法;制造;官绅分任;漕法;清帐;生利分利之法;讲求新学"。后又补充"农家借化学制粪培地之法"提高农业产量,以及"电学飞车之法"提高"载客运货"的效率。李提摩太言辞恳切,"自知本国有养民各妙法,其益甚大,今见中国穷困如此,若不告知有所不忍",并估算,"西国有良法,果能仿而行之,可使中国每年增银四千万两,不但不困,且可加富"[②]。在"安民"一节,李提摩太认为其要"一在和外,如各国所有土地产业货物自安其生,不惹外来之强暴侵掠;一在安内,如各国

① 《万国公报》1892 年 1 月第 36 册刊载了养民、安民部分,台北:华文书局 1968 年影印合订本,第 19 本第 12513—12521 页,1892 年 2 月第 37 册刊载了新民、教民部分,合订本第 20 本第 12583—12591 页,后合编发行单行本《中西四大政》。

② 李提摩太:《中西四大政》,载《新学汇编》,广学会 1898 年,第 5 页。

土地产业货物等利分于士农工贾,各等人不使有富者极富贫者极贫之虑"。① "新民、教民"部分介绍了世界六大宗教,宣扬信教求善,强调学习"普天下要学"。

1893 年 7 月李提摩太在《万国公报》第 54 册刊载《养民有法说》一文,从十个方面对比中西差距:一曰广学;二曰工作;三曰转运;四曰通商;五曰格致兼化学;六曰电气;七曰报馆;八曰游历;九曰新学;十曰教化。② 其中第一、七、八、九、十条主要强调教育要面向世界,力举推广泰西新学,"博采有益于民之事,各大书院中朝夕讲贯,益复精进"③,认为国人的知识文化水平与国泰民安息息相关。第二、五、六条强调科技进步是经济发展的基石,"泰西昔年制造百物,强半借助手艺,今则纯用机器。仅以纺织一端而论,向日有若干纱需二百人纺之者,今则一人优为之"。④ 第三、四条呼吁发展铁路运输,扩大海外贸易。文章最后说,"以上十端,仅举大要,欲知其益,不必远溯古初也。五十年来,英美两国缘此诸益富于前者三倍。环顾其民,不第有资本以通贸易者,富益加富,下至佣工人等,工价所获,加至一倍,上下皆富。故居处服食,无不精美于前。泰西如此,中华何独不然?"⑤进而呼吁晚清中国学习西方,加速经济等方面的发展,才能实现人民安居乐业。

1896 年 4 月李提摩太在《万国公报》第 87 册刊发《新政策》长文⑥,后由广学会单独刊行。该文原为李提摩太在甲午战后上清廷书,历陈中国战败是由于"二三愚人不学泰西养民之妙法,只讲西国枪炮之势力",他

① 李提摩太:《中西四大政》,载《新学汇编》,广学会 1898 年,第 5 页。
② 李提摩太:《养民有法》,《万国公报》第 54 册,台北:华文书局 1968 年影印合订本,第 21 本第 13727－13730 页。
③ 李提摩太:《养民有法》,《万国公报》第 54 册,台北:华文书局 1968 年影印合订本,第 21 本第 13730 页。
④ 李提摩太:《养民有法》,《万国公报》第 54 册,台北:华文书局 1968 年影印合订本,第 21 本第 13728 页。
⑤ 李提摩太:《养民有法》,《万国公报》第 54 册,台北:华文书局 1968 年影印合订本,第 21 本第 13730 页。
⑥ 李提摩太:《新政策》,载《万国公报》第 87 册,台北:华文书局 1968 年影印合订本,第 25 本第 15935－15946 页。

进而提出,"欲使万国举安,必须安中国。今日中国之要事,莫亟于养民,养民之要事,莫亟于新政……必须罗致各国至明至正之通才,以广行各国已行已验之良法。不及二十载,中国之大富大强,蒸蒸然日兴,隆隆然日上,巍然焕然,为四海万邦一首国"。① 该文对前述"四民说"展开具体讨论,再次阐述中国富强必由之路是教民、养民、安民、新民之法,只不过部分内容的说法和以前有异。

针对"养民新法",李提摩太提出十点建议:一曰通道路,可使货物流通,每年节省运费无穷;二曰捷信音,不仅每年节省驿费数百万,另增加信费数百万;三曰开矿产,采地下无用之泥土,变为地上有用之金银;四曰垦荒田,以无主之地,养无业之民,令其不致困苦流离而为盗贼;五曰劝工作,"今用机器,一人可作十人之事,一日能成十日之工,获利既多,家给人足"②;六曰造机器,"机器日广,而生计转增……分利之人日少,生利之人日多,此生众食寡"③;七曰开银行,"以万金之资,行万金之钞,钞本相抵,永无弊端,而一万金之资,已得二万金之用"④;八曰铸银元,"惟中国仅铸铜钱,而金银阙如,故必藉钱庄乃能流通"⑤;九曰保商贾,"商贾流通货物,隐为国家调剂盈虚,必使长保利权,可多征税课"⑥;十曰刻报单,"每行一政举一事,事前事后,规条账目,均有报单……故办理无游移,事可周知,故内外绝欺蔽"⑦。不难发现,该文给出的十条"养民之法"

---

① 李提摩太:《新政策》,载《万国公报》第 87 册,台北:华文书局 1968 年影印合订本,第 25 本第 15936 页。
② 李提摩太:《新政策》,载《万国公报》第 87 册,台北:华文书局 1968 年影印合订本,第 25 本第 15939 页。
③ 李提摩太:《新政策》,载《万国公报》第 87 册,台北:华文书局 1968 年影印合订本,第 25 本第 15939 页。
④ 李提摩太:《新政策》,载《万国公报》第 87 册,台北:华文书局 1968 年影印合订本,第 25 本第 15939 页。
⑤ 李提摩太:《新政策》,载《万国公报》第 87 册,台北:华文书局 1968 年影印合订本,第 25 本第 15939 页。
⑥ 李提摩太:《新政策》,载《万国公报》第 87 册,台北:华文书局 1968 年影印合订本,第 25 本第 15940 页。
⑦ 李提摩太:《新政策》,载《万国公报》第 87 册,台北:华文书局 1968 年影印合订本,第 25 本第 15940 页。

实则包含在《中西四大政》的"养民之法"中,但更加集中地讲述如何发展生产、振兴经济,强调民为国本的思想。

针对"教民之法",李提摩太认为,"必须使中国朝野能通中西各国之情,并通本国上下之情,事势方无隔膜,办理一切乃能适得其平"。[①] 通中西各国之情方法有四:一是"将各国政教之大凡,剀切敷陈,上达宸听"[②],即如实告知皇帝世界形势;二是选派宗室王公分往各国游学;三是派遣京官及各省督抚子弟出洋读书;四是选派翰林等"京外正途人员"出洋分类学习。通本国上下之情也有四法:立报馆;译西书;建书院;增科目。针对"安民之法",李提摩太认为"中国百姓之所以不安者,其故有二,曰外患,曰内忧"。[③] 进而提出要"和外"和"保内"二法。前者有三:一是与外国通好,"立和约,遣使臣……彼此相安,嫌疑不起[④];二是参加"万国太平会",亦即国际组织,使得立于公会公法之列;三是加深与强国的联系外交,必应暗联有大权大德思保大局之国,以为己助。后者有四:一是"化偏私",为学不管古今中外,只问是否合宜;二是"筹款项",向外国借款以克服发展资金不足问题,并善用外国经济人才;三是"修武备",采用西方战阵之法训练海陆各军,要求纪律精严;四是"劝新法",鼓励民众创新,设计制造新枪炮、新机器等。针对"新民之法",李提摩太提出六条措施:多见西人;阅已译之西书;阅日报;派遣学生出洋;派遣使节出国;办好同文馆。

在该文末尾,李提摩太认为,若上述措施得到实施,"每日至少之数,可增入款一百万金,每年至少之数,可增入款三万六千万金……君臣士

----

① 李提摩太:《新政策》,载《万国公报》第 87 册,台北:华文书局 1968 年影印合订本,第 25 本第 15937 页。

② 李提摩太:《新政策》,载《万国公报》第 87 册,台北:华文书局 1968 年影印合订本,第 25 本第 15937 页。

③ 李提摩太:《新政策》,载《万国公报》第 87 册,台北:华文书局 1968 年影印合订本,第 25 本第 15940 页。

④ 李提摩太:《新政策》,载《万国公报》第 87 册,台北:华文书局 1968 年影印合订本,第 25 本第 15940 页。

农工商皆富"。^①同时指出，中国在二十年前就该推行上述新政，"延至今日，事机已迫，受害已深，果能迅速举行，中国尚有得半之望，倘再迁延贻误，窃恐燎原之火，立见焦糜，滔天之流，即时昏垫，无穷大祸，尽在目前"。^②

1908年6月，李提摩太在《中西教会报》撰文《预筹中国十二年新政策》，再次论述"四民说"。他在"养民"部分重点强调三法：一是修铁路养民，认为中国十二年内当筑铁路五万里，以便捷交通运输；二是兴工作养民，认为商品经制造和运输而贵至数倍，购买洋货不如自造为妙；三是通商货养民，举例东洋公司每年得利84兆元，认为中国若能通商欧美，每年得利十倍以上。"安民"有四法：一是殖民以安民，认为中国应允许随意移民通商；二是均税以安民，认为中国进出口关税应与他国均平划一；三是用机器安民，批评中国仍用人做苦工，而不知用机器工师之妙；四是联与国安民，认为中国应与七大国成立国际组织，共商国是，公举和平。"教民"特指教育，指出晚清中国应为官立学堂、为民立学堂、派遣学生留学外国。本文中的"新民"则限于宗教信仰，宣扬信教自由。

客观而言，李提摩太在《中西四大政》《养民有法说》《新政策》和《预筹中国十二年新政策》中所提的"养民新法"不乏切中时弊、切实可行的内容，被开明士绅和进步知识分子反复陈述而屡见报端，尤其影响了维新派的思想和康有为的"合邦计划"。可能由于不同阶段对政治教化的认识不同，李提摩太对"教民"和"新民"部分的表述前后有异。相对而言，他在"养民"和"安民"部分的经济图强理念却具有连续性，同时由于较少牵涉政治和意识形态，也就较少受到保守派的抵制阻扰，因此很多建议在清末新政中得以付诸实施。

---

① 李提摩太：《新政策》，载《万国公报》第87册，台北：华文书局1968年影印合订本，第25本第15945页。
② 李提摩太：《新政策》，载《万国公报》第87册，台北：华文书局1968年影印合订本，第25本第15945页。

二、《生利分利之别论》中的劳动分配制度

1893 年 4 月,李提摩太在《万国公报》第 51 册发表《生利分利之法一言破万迷说》[①],同年 5 月在第 52 册又发表长文《论生利分利之别》[②],1894 年广学会将《论生利分利之别》发行单印本,改名《生利分利之别论》,署名为"李提摩太著、蔡尔康译录",而将《生利分利之法一言破万迷说》改名为《生利分利之别再论》附于其后,收集在 1898 年广学会出版的《新学汇编》中。这是一部经济学著作,前部论生利,阐述劳动与生产的关系,亦即劳动力如何创造更多的财富;后部论分利,阐述西方经济学中生产财富的劳动力和不能生产财富的劳动力的区别,亦即如何分配产品问题。

李提摩太认为生利要点有四。"一曰利非独力所能生",论述劳动的社会性,他以做馒头为例,认为一个馒头会涉及耕地者、播种者、灌溉者、刈割者、舂碓者、铁匠、木匠、石匠、开矿者、炼铁者、运输者等众多劳动力,"天下万事万物,莫不含万人之力"。[③]"二曰利非现力所能生",论述劳动过程和劳动分工,如猎兽捕鱼先必有铸枪织网诸人,随后他又将天下用力以生利者分为四类:一是用力以生材料,如开矿挖煤等;二是用力以生器具,如制作水杓火镰、水汽火轮;三是用力以保利,如建造仓库堆栈;四是用力以运利,如水陆转运。"三曰利宜预储人力以生",论述劳动力的培养问题,针对"生利之人何自昉哉",李提摩太认为有五法:一是养之长大;二是教之技艺;三是教之义理;四是保其身体;五是保其心术。"四曰利宜广增新法以生",论证脑力劳动与体力劳动同等重要,"欲成一

---

① 李提摩太:《生利分利之法一言破万迷说》,载《万国公报》第 51 册,台北:华文书局 1968 年影印合订本,第 21 本第 13513—13517 页。
② 李提摩太:《论生利分利之别》,载《万国公报》第 52 册,台北:华文书局 1968 年影印合订本,第 21 本第 13577—13587 页。
③ 李提摩太:《论生利分利之别》,载《万国公报》第 52 册,台北:华文书局 1968 年影印合订本,第 21 本第 13578 页。

事,心与力两者,缺一不可"。① 李提摩太认为要重视教育,提高劳动者素质,发展科学技术,提高生产创新的能力,强调脑力劳动对创造社会物质财富的重要贡献:

> 泰西大工程局,不但乐给重资,使人出力以成物,更复丰其束脩,远聘才士,用心以创物,则知力也心也,皆生利之源也。于是又有博学多能之士起,独用其心以格物,即如取电气以通消息,断非人力所能逮。格物家研穷物理,心有所悟,遂生开辟以来未有之大利。又如欧洲人之先通美洲,续通五洲,亦非人力所能通,天文学家推测星躔,理有所会,由算学而明天文,而明航海,迄今通商之局,遍于地球,五洲之遥,宛如户闼,又生开辟以来无穷之大利。……尝有愚人嗤笑博士,以为彼竭一生之心力,所成仅小书一册,欲图生利,书价之所值几何,而不知人能用其书以成新法,虽不必有益于作者,实已大益于公家。②

在分利部分,李提摩太论述了既生利又分利与只分利不生利的区别,以及直接生利与间接生利的区别:"凡能为有用之物者,皆可目为生利之人……有用者亦分三等:一则用力使物改变而俾之有益于人,如纺织棉花使成布疋之类皆是;一则用力教人改变而俾之有益于人,如训蒙师之类皆是;一则以身出力而未见其有所益,如优伶说书变戏法杂耍诸人,人之愿给以钱者。"③相对而言,"凡人不论作何事,苟不能作货以生财,皆为分利之人"。④ 同时,"若用财为娱乐起见,即尽属分利之事"。针

---

① 李提摩太:《论生利分利之别》,载《万国公报》第 52 册,台北:华文书局 1968 年影印合订本,第 21 本第 13581 页。

② 李提摩太:《论生利分利之别》,载《万国公报》第 52 册,台北:华文书局 1968 年影印合订本,第 21 本第 13582－13583 页。

③ 李提摩太:《论生利分利之别》,载《万国公报》第 52 册,台北:华文书局 1968 年影印合订本,第 21 本合订本第 13584 页。

④ 李提摩太:《论生利分利之别》,载《万国公报》第 52 册,台北:华文书局 1968 年影印合订本,第 21 本合订本第 13585 页。

对生利分利之别,李提摩太在文尾总结,"凡能出力以富国者,即属生利之人,反是或更糜国之财,皆属分利"。①

在《生利分利之别再论》中,李提摩太将生利之人分为八类,估计每千人中:农夫凡三百人;制造器具并纺织之类凡二百人;盖屋成衣及教养幼孩之妇女等类凡二百人;贸易大小商贾凡一百人;水陆运货人夫凡一百人;治民及保民者凡二十人;博学之士及能用心创新法者凡二十人;杂流凡六十人。② 李提摩太强调说,"无论何类中人,若能新创妙法,不但有益于此类中人,其余亦皆获益"。③ 也就是说,只要能利用科技的进步创立新法,就能提高生利水平,创造出更多财富供给全社会分配。李提摩太随后针对这八类人的"新法"一一具体说明,仅举两例如下:

> **例一**:若有治民保民之新法,令人永享承平之日,一应产业,无有人敢害之者,又除照例征纳粮银税课外,并无额外需索分文,然后各项人事,皆缘之而蒸蒸日上,各类中人,美利无穷。④

> **例二**:博学之士,于格物中得万物之新法,以创开辟至今未有之事,如火轮电气等类,不但创造之人,身名俱泰,且遍地球人,皆随其分量之大小,得受其利之多少。⑤

洋务运动兴起之后,众多守旧人士存在一种忧虑,担心铁路、轮船、纺织等新兴产业的发展会影响原有从业人员的生计。对此,李提摩太认为,科技的发展进步,只会大大提高人们生利的能力,创造的财富通过再

---

① 李提摩太:《论生利分利之别》,载《万国公报》第52册,台北:华文书局1968年影印合订本,第21本合订本13586页。

② 李提摩太:《生利分利之法—言破万迷说》,载《万国公报》第51册,台北:华文书局1968年影印合订本,第21本第13514页。

③ 李提摩太:《生利分利之法—言破万迷说》,载《万国公报》第51册,台北:华文书局1968年影印合订本,第21本第13514页。

④ 李提摩太:《生利分利之法—言破万迷说》,载《万国公报》第51册,台北:华文书局1968年影印合订本,第21本第13515页。

⑤ 李提摩太:《生利分利之法—言破万迷说》,载《万国公报》第51册,台北:华文书局1968年影印合订本,第21本第13515页。

分配改善所有人的生计,"凡不知轮船、火车等类之有益于民者,反谓有害于民,殊不思运费因之而减,实属有益于民。偶有未获其益者,国家本宜导以新法,使之皆沾惠泽者也,若仍守旧而不谋新,则如农夫等类之只需百人已足集事者,强令之增加百人以分其利,吾知百姓之断无声色矣"。①

难能可贵的是,李提摩太在文中还提出了人口增长与经济发展的关系,认为解决二者矛盾的主要办法在于"广行新法",他指出:

> 世间每百人中,每年生死乘除,生者必多于死者之数……(中国)积之既久,地狭人稠,其何以为生哉?吾以为救之之道,仅有两途。一则移民远出,使往他洲旷地,如欧洲人往美洲、非洲、澳洲也。一则广行新法,务使原地中所有土产,日渐加增,而种地、制器、养人、教人、贸易、运货、治民、保民、读书诸人,皆以新法相为补救。②

19世纪中叶,晚清人口已增加到四亿多人,面临着严重的人口压力,人口膨胀成为社会贫穷和动荡的重要根源之一。李提摩太较早注意到人口与经济发展之间的矛盾,并提出合理的解决办法,在当时还是颇具先见之明的。

该文最后以英国为例,再次强调"新法"对于强国富民的重要性,并指出"新法"来自教育,"惟新法非愚人所能创,欲增人之识见,必须令人读有用之书,苟使足用,不但有益于修身治国,并有益于养民教民诸事"。③

《生利分利之别论》先后发行 10000 余册,在晚清出版的寥寥可数的经济学书籍中,发行量最大,影响甚众。《生利分利之别论》开篇即言,

---

① 李提摩太:《生利分利之法一言破万迷说》,载《万国公报》第 51 册,台北:华文书局 1968 年影印合订本,第 21 本第 13515 页。

② 李提摩太:《生利分利之法一言破万迷说》,载《万国公报》第 51 册,台北:华文书局 1968 年影印合订本,第 21 本第 13515 页。

③ 李提摩太:《生利分利之法一言破万迷说》,载《万国公报》第 51 册,台北:华文书局 1968 年影印合订本,第 21 本第 13516 页。

"乾卦四德,利居其三。利者,害之对也,弊之反也,人莫不期有利而无害,事莫不期有利而无弊,故孔子虽罕言利,而系易文言必曰,乾始能以美利利天下,然则利也者,固圣门所不能废,即五洲万国所不能外也"。①《生利分利之别再论》开篇则言,"大学生财之大道,一曰生之者众,一曰食之者寡,一曰为之者疾,一曰用之者舒。盖历亿万千年,统五洲万国,凡言利者,胥准此矣"。② 两文分别提及中国经典《易经》和《大学》,也是传教士西学著译过程中文化适应策略和文化会通结果的一个缩影,尤其《大学》是一部关于"修身齐家治国平天下"的书,反复强调"国不以利为利,以义为利也"③,李提摩太对引言文字的断章取义明显有设定话语权威的特定目的,他并未提及亚当·斯密等西方早期经济学家,而是直接引用中国士大夫和知识分子熟知的《四书五经》,无非想让西方的先进经济理论与中国传统文化接轨,以便在晚清读者群中获得最大的认可度与接受度。

《生利分利之别论》产生了广泛的本土回应,最明显的是梁启超的《新民说》。该书开篇即言:"公理家之言曰,凡一国之人,必当使之人人各有职业,各能自养,则国大治,其不能如是者,则以无业之民之多寡为强弱比例差,何以故? 无业之人,必待养于有业之人,不养之则无业者殆,养之则有业者殆,斯义也。西人译者谓之生利分利,即吾大学生之者众,食之者寡之义。"④第十四节更直接以"论生利分利"为题,进一步阐述生利与分利的关系,将"分利者"分为两大类:劳力而分利者和不劳力而仍分利者,与李提摩太的理念几近承延。另有徐维则评论说:"《生利分利之别论》即《大学》生众食寡之义。中国人有谓机器一兴有妨民业者,

---

① 李提摩太:《论生利分利之别》,载《万国公报》第 52 册,台北:华文书局 1968 年影印合订本,第 21 本合订本第 13577 页。

② 李提摩太:《生利分利之法一言破万迷说》,载《万国公报》第 51 册,台北:华文书局 1968 年影印合订本,第 21 本第 13513 页。

③ 朱熹:《四书章句集注》,北京:中华书局 1983 年版,第 13 页。

④ 梁启超:《论学校六:女学》,载《时务报》第 23 期,1897 年 3 月。

读之可释然矣。"①黄庆澄则评价说:"此书极有理,勿以其浅忽之。"②总之,该书引进了当时较为先进的西方经济学原理,冲击了中国传统的重农抑商思想和贵义贱利意识,对推动科学技术知识在中国的传播产生了积极的影响。

① 转引自熊月之:《西学东渐与晚清社会》,北京:中国人民大学出版社 2010 年版,第 474 页。

② 黄庆澄:《中西普通书目表》,温州:算学报馆自刻,1898 年版,第 11 页。

第三节　教育改革意识

一、《七国新学备要》与"综合融会说"

1886 年李提摩太回英国短暂休假后返回山西,仍然积极参与世俗事务,并公开对中国传统道教表达了赞许之情,引起其他传教士的批评和责难,他被迫在孤立中选择离开山西。1887 年 11 月 14 日,李提摩太挈妇将雏到了北京。此时新教浸礼会委员会建议他去山东工作,但他却提出工作的前提是教会允许他在首府济南建立一所教会学校,以便能够继续"以学辅教",在等待委员会答复期间,李提摩太开始撰写《新学》,1888年完稿,首发于 1889 年 2 月改版后的《万国公报》第 2 册,后修订改名为《七国新学备要》,收录于 1898 年广学会出版的《新学汇编》。

> 我动手撰写一本题为《现代教育》的小册子,介绍世界上七个最先进的国家在教育上的进展。在小册子里,我强调了四种教育方法:历史的、比较的、一般的、特别的。换个说法就是,我表明了一个人究竟为什么必须比较不同民族的历史进程,以及为什么必须拥有对事物的一般知识和对事物的某些特殊部分的精确了解——也就是说,既要了解一般中的特殊,也要了解特殊中的一般。[①]

《七国新学备要》主要介绍英国、法国、德国、俄国、美国、日本和印度等国的教育状况,包括学校、图书馆、报馆等文化教育机构的基本情形,全书包括序言和正文八章:第一章"外国新学之事";第二章"外国学校书

---

① 李提摩太著,李宪堂、侯林莉译:《亲历晚清四十五年——李提摩太在华回忆录》,天津:天津人民出版社 2005 年版,第 187 页。《现代教育》即《新学》,载《万国公报》第 2 册,台北:华文书局 1968 年影印合订本,第 16 本第 10221—10231 页。

目";第三章"外国学校费用";第四章"外国新闻报馆";第五章"外国书籍馆";第六章"按六国推算中国学馆宜有若干";第七章"按日本推算中国学馆宜有若干";第八章"按中国时事变通章程宜如何立"。在序言中,李提摩太通过比较教育与军事的作用,强调新学教育关系到一国千秋万代,对国家发展具有不可替代的作用:

> 盖国家当有事之秋赖兵法,承平之日赖学校,而兵法或百年不用,学校实不可一日无之。且古学之法逊于新学之法多矣,如兵法中之弓箭与炮相较,其优劣岂待智者而后知哉?苟弃新学之法而不取,尤甚于兵法中之弃炮也,一偏一普,何可同日语也,此新学之所以宜立也。非止此也,人心如镜,愈磨则愈光,不学则无术,学校不立是我国不学,何能敌他国之博学,我国无能,何能敌他国之多能。①

该书第一章将新学分成 21 个学科门类:道书、史书、志书、富国学、交涉学、算学、格物学、化学、电学、重学、制造学、全体功用书、动植学、地学、金石学、书学、音乐学、农学、商学、体操学和外国语言文字学。第二章将新学体制分为初学、中学和上学三个层次。以英国为例,全国共有初学学校约 2.8 万座,学生约 525 万人;中学学校约 1430 座,学生约 21 万人;上学学校 11 座,学生约 13400 人。从而推算出,每 100 万人口中,初学应有学校 1295 座,教师 2200 人,学生 10 万人;中学应有学校 19 座,教师 164 人,学生 2961 人;上学应有学校 1 座,教师 24 人,学生 414 人。第三章中仅以初学为例,统计出英国每年共费洋银 33 兆,每生洋银 9.25元;法国每年共费洋银 14 兆,每生 3 元;德国共费 34 兆,每生 6 元;美国共费 84 兆,每生 8.7 元;俄国共费 5 兆,每生 4.25 元;日本共费 8 兆,每生2.75 元。第四章统计出英、法、德、俄、美、日报馆分别共 2180、1230、2350、436、14150、240 座,每 100 万人分别有报刊 62、33、26、5、235、6 种。第五章

---

① 李提摩太:《新学·序》,载《万国公报》第 2 册,台北:华文书局 1968 年影印合订本,第 16本第 10222 页。

统计出英、法、德、俄、美、日分别有图书馆 202、505、594、145、59、23 座,藏书分别共计 377 万、729 万、407 万、95 万、226 万、14.7 万套。第六章以中国总人口 400 兆计,推算出宜有初学生 4000 万、中学生 118.4 万和上学生 16.5 万人,新闻报馆和图书馆分别宜有 24400 座和 2000 座。第七章推算出中国宜有学费中,初学、中学和上学分别需洋银 8000 万、300 万和 362 万,新闻报馆和图书馆分别宜有 2400 座和 230 座。第八章认为中国设新学之法,其要有四:

> 一、国家必须先设一教育新部,以专责成,令其于各省要处皆设立新学。二、朝廷宜特赐新部专权于各省,免得督抚升迁调换之际于新学有碍。三、设立新学除现在各省费用之外,计每年至少必须先发银一百万,嗣后再随时酌补。四、朝廷宜饬新部督劝各省绅商富户,令量力捐输银两,以补朝廷发款之不足。[1]

为此,他对新学部和新学期冀厚望说:"循是以进,天下各国之事,中国人必尽知之,凡今日之假手于外国人之事,他日必能自为之,从此人材众多,国无废事,富强可待,亿兆蒙福。"[2]事与愿违的是,他把这本书作为礼物送给李鸿章,却被后者以成本太大、周期太长为由否决:

> 我在北京的高级官员中散发这本小册子,也作为礼物送给了住在天津的直隶总督李鸿章。在小册子中,我建议中国政府进行教育改革,并为此每年投入一百万两白银。对这个建议,李鸿章的答复是,中国政府承担不了那么大一笔开销。我说,那是"种子钱",必将带来百倍的收益。他问什么时候能见成效,"需要二十年才能看到实施现代教育带来的好处。"我回答道。"噢!"李鸿章回答说,"我们等

① 李提摩太:《七国新学备要·序》,载《万国公报》第 2 册,台北:华文书局 1968 年影印合订本,第 16 本第 10230 页。
② 李提摩太:《七国新学备要·序》,载《万国公报》第 2 册,台北:华文书局 1968 年影印合订本,第 16 本第 10230 页。

不了那么长时间。"①

另外,在该书序言中,李提摩太还提出了中国文化教育未来出路的"综合融会说"。他认为,"益学无论古今,学其有益于人者而已,此则中西君子公是公非之大道也"。② 因此,中国文化教育的未来出路在于综合融会古今中外文化之精华,创立新学,而新学之大纲在于横、竖、普、专:

> 何谓横?我国所重之要学,学之,即各国所重之要学,亦学之,此横学也。何谓竖?一国要学中,有当损益者知之,即自古至今,历代之因何而损、因何而益者,亦必知之,此竖学也。何谓普?斯人所需之要学,无不兼包并举,可以详古人之所略,并可补近今之不足,上天所造之物,无不精思审处,不使有扞格之难通,并不使有纤毫之未达,此普学也。何谓专?专精一学而能因事比类,出新解至理于所学之中,莫不惊其奇而说其异,此专学也。是则新学之大纲也。③

李提摩太对中国未来文化教育的设计比较合理,既防止了盲目排外主义,又避免了民族虚无主义,既突破了夷夏之防和畛域之见,又不致囹圄吞枣,无所适从。④ 李提摩太后来还多次强调这种综合融会学说,"今日兴国之道,有断不可少者四大端:道德一也,学校二也,安民三也,养民四也。凡精于四法者,其国自出人头地,不精或不全者,不免瞠乎其后,毫不究心者则更在后矣。夫行此四大端者,分为四支,古今一也,东西二也,普遍三也,专门四也。"这样"中西古今一以贯之,而何忧广学之不兴,

---

① 李提摩太著,李宪堂、侯林莉译:《亲历晚清四十五年——李提摩太在华回忆录》,天津:天津人民出版社 2005 年版,第 187—188 页。
② 李提摩太:《七国新学备要·序》,载《万国公报》第 2 册,台北:华文书局 1968 年影印合订本,第 16 本第 10221 页。
③ 李提摩太:《七国新学备要·序》,载《万国公报》第 2 册,台北:华文书局 1968 年影印合订本,第 16 本第 10221—10222 页。
④ 王立新:《美国传教士与晚清中国现代化》,天津:天津人民出版社 2007 年版,第 114 页。

利源之不广?"①李提摩太认为,"中国学校,法度之善,渊源之远,辟雍钟鼓,遗泽未湮,实非五洲各国所能企及",但"学校之书只知述古,自囿方隅,不能博通五洲,近达时务"②,他还将中学与西学比作马车的双轮,阐明中西学融合的必要,当然更多强调的还是"西方新学":"中国旧学阅数千年决不可废……各国通行之新学亦不可不知,增之则有大益,不增则有大损。譬如单轮之车,未尝不可以行远,然改为双轮,牵以骏马不尤稳而尤速乎?"③因此希望通过引介西方的文化教育模式促成中国传统科举制度的变革,希望中国能真正学习和仿效西学中的精华。

遗憾的是,李提摩太撰写该书的初衷依然是"以学辅教",除一味鼓吹基督教义和宣扬西方科学外,他并没有对中西文化优劣之处做出缜密分析,只有原则没有方案,只有形式没有内容,一度陷入"不判中西、无殊古今"的形而上学诡辩论以及形式主义谬误,他晚年还因过于相信晚清政府自上而下实施变革而陷入文化保守主义,"这显然是对一条正确文化融合原则的错误运用"。④

二、《速兴新学条例》与山西大学堂

《七国新学备要》对西方现代教育体制的介绍和改革中国传统教育的呼吁,在晚清中国产生了巨大影响,广学会多次加印仍供不应求,"1897年底,我(回英国休假后)又回到了中国,发现变法维新运动正风起云涌","维新变法运动大有希望的一个迹象是,人们开始认识到……中国古老的教育制度已经远远不能适应现代社会的要求,必须引进西方的学

① 李提摩太:《泰西新史揽要·序》,上海广学会,1896年。
② 转引自何晓夏、史静寰:《教会学校与中国教育近代化》,广州:广东教育出版社1996年版,第52—53页。
③ 李提摩太:《新政策》,载《万国公报》第87册,台北:华文书局1968年影印合订本,第25本第15938页。
④ 王立新:《美国传教士与晚清中国现代化》,天津:天津人民出版社2007年,第114页。

问。"①1898 年 6 月,光绪帝颁布变法诏书,一半以上都与教育有关:废除已经实行了五百年的八股考试制度;在北京成立一所大学,研究西方科学;将所有庙宇转变成从事西式教育的学校;成立一个翻译委员会,负责将西方的学术著作翻译成中文;成立专利局,鼓励各种有益于国计民生的新式发明;鼓励年轻的满人学习汉语,并到国外观光学习。②

受此鼓舞,李提摩太又写成《速兴新学条例》一文,刊印在 1898 年 8 月《万国公报》第 115 册。文章开篇对比中西强弱之差距,从而强调教育尤其是兴办新学的重要性,并提出发展新式教育的六点建议。

> 天下大通,人文蔚起,各国洽闻骈见骎骎度骈骝而前,华人独蛛网尘封,事事相形见绌,内治既衰屡羸弱,外交结束缚拘挛,甚至权不我操,地非我属,羁旅之士累岁著书立说,不惮苦口以献良箴,言者谆谆,听者藐藐,凌夷以至今日竟有迫不及待之势,时艰蒿目不能不扼腕而嗟也。……总而言之,居今日而筹急救之法,必合诸学以定课士之程,交邻国而求永好之方,必惜寸阴以广育才之道,综其纲领,厥有六端:一曰书籍,二曰书院学塾,三曰考政,四曰新学报,五曰立学经费,六曰鼓舞人才。③

第一,书籍宜亟求善本。李提摩太认为中国学生不仅要学传统的经史子集,更要学西学新书,"英美两国藏书之富甲于五洲,既备采两国人自著之新书,复遍译他国新纂之要册,比年刊发书目第录,其尤关切要者,分为十二类通计五万部"。④ 并特意附录"今泰西各大国之士人无不

---

① 李提摩太著,李宪堂、侯林莉译:《亲历晚清四十五年——李提摩太在华回忆录》,天津:天津人民出版社 2005 年版,第 243 页。

② 李提摩太著,李宪堂、侯林莉译:《亲历晚清四十五年——李提摩太在华回忆录》,天津:天津人民出版社 2005 年版,第 244 页。

③ 李提摩太:《速兴新学条例》,载《万国公报》第 115 册,台北:华文书局 1968 年影印合订本,第 28 本第 17863—17864 页。

④ 李提摩太:《速兴新学条例》,载《万国公报》第 115 册,台北:华文书局 1968 年影印合订本,第 28 本第 17864 页。

究心于学问"十二类书籍:道学共十支类、风俗通考共十五支类、性学共五支类、世道共十四支类、地舆人类游历之学共九支类、史学共九支类、古事考共四支类、格致之学共十支类、医学共十六支类、工艺共十三支类、诸子共十四支类以及语言文字共十八支类。每一类中又分为四等,"一曰学塾读本多启蒙之浅近之书也,二曰书院课本则较之第一等稍深远矣,三曰成名以后应读之书,君子务其大者远者,庶乎近之,四曰明哲之士应阅读之书,则进而盖上未易一蹴几也。"①

第二,学塾书院宜亟定妥章。李提摩太认为要跟上时代步伐就必须多办西式学堂,以西方科学知识文化为主要教学内容,甚至以西文授课,为达到事半功倍的教学效果,最好还要聘请受过良好西式教育的西人为教师。他说:"每一府之所属,每一大市镇之所聚,必令其各设学塾焉,各设书院焉,塾中院中专以西文西学教人。……教士者,西国读书士子也,择其洞谙华事尤长西学者,礼聘以为掌教,实可收事半功倍之效。"②

第三,考政必宜更改。李提摩太主张改变以选拔官吏为单一目的的科举制度,要选拔有益于国家和社会发展的有用人才,为此要设立专门考试管理机构,扩大人才选拔频率和规模,形成常态化的人才选拔机制。"国家遴选真才万不可限以定额,但视其才,能通何事,即予以何项之功名,其功名之阶级则视其学问之分数以为等差,然后博学多能之士,虽无志于宦途,亦可成专门名家之业。……京都则当增立新学部,总理各省之考政及一切与兴学育才之事。"③

第四,新学报必应广布。李提摩太认为创办新学报其益有三:一是刊登各大国新学教育新闻,以感发读书人之心志;二是广采中国各省新学之新事自行鼓励;三是"使人知学之者,于入仕一途而外,尚有无限之

① 李提摩太:《速兴新学条例》,载《万国公报》第115册,台北:华文书局1968年影印合订本,第28本第17865页。
② 李提摩太:《速兴新学条例》,载《万国公报》第115册,台北:华文书局1968年影印合订本,第28本第17866页。
③ 李提摩太:《速兴新学条例》,载《万国公报》第115册,台北:华文书局1968年影印合订本,第28本17866-17867页。

事,足以有益于国,有益于己,而不必专恃为官"。①

第五,经费必宜筹备。李提摩太建议教育经费来源主要有三:一是国家每年分拨各省帑项十万金;二是允许各省每年科取民捐十万金;三是各级学生入学各付束脩大抵十万金。②

第六,人才必宜设法鼓舞。李提摩太认为鼓舞人才其要也有三:一是每年遴选一百人"资送出洋肄业于各国有名之大书院,以增才智而广识见,学成回华不囿以小知而予以大受";二是"考取新学诸才,而后凡有官吏缺出,必择深通时事者,依次序补,若无新学功名执照之员,不许滥竽充数";三是保护个人著述作品的知识产权和专利,打击盗刻翻印等不法行为,"中国亟宜查照善章明降谕旨,凡能成有用之书者,定为数十年专业之例,既可符合各国通行之公律,又可鼓名流著述之盛心"。③

李提摩太在《速兴新学条例》最后强调科学知识无国界,中国理应摆脱夷夏之辨,积极学习西方各大国,才能求富求强。他声称:"集思广益,故能日起有功也,中国自古迄今但究心于本国之学明哲诸钜公,及今而犹不速加整顿,亘古著名之大国,将奈之何?总之,人不囿于古而共知新学之大有关系国势,必浡然而兴。"④从而呼应了序言中改革旧制和兴办新学的迫切心声:

> 此六端者,皆所以启迪华人速知各国良法之要策也,知之而不
> 急于行,行之而不求其备,不特永绝振兴之望已也,各国日盖东趋如
> 洪水之骤至,仅恃旧堤一线,试问何以御之?势迫时危,不敢再有所
> 忌讳,更就六纲领申陈诸条目,伏顾通权达变之诸君子俯赐采择,不

---

① 李提摩太:《速兴新学条例》,载《万国公报》第 115 册,台北:华文书局 1968 年影印合订本,第 28 本第 17867 页。
② 李提摩太:《速兴新学条例》,载《万国公报》第 115 册,台北:华文书局 1968 年影印合订本,第 28 本第 17867 页。
③ 李提摩太:《速兴新学条例》,载《万国公报》第 115 册,台北:华文书局 1968 年影印合订本,第 28 本第 17868 页。
④ 李提摩太:《速兴新学条例》,载《万国公报》第 115 册,台北:华文书局 1968 年影印合订本,第 28 本第 17869 页。

惮穷日之力以迅策乎。[①]

《速兴新学条例》和其他推行新学的书籍文章为晚清学制改革提供了舆论宣传和理论支持。京师大学堂开办之初，梁启超就制订了《奏议京师大学堂章程》，并得到光绪帝的批准，成为京师大学堂的第一个章程，规定办学方针是"中学为体，西学为用"，重视师范教育，强调课程设置要严密切实，主张破格选拔人才等，这些规章制度与李提摩太的新学教育思想一脉相承。戊戌变法被镇压后，为了消除维新派影响，慈禧命张百熙掌理全国学务兴革大计，整顿京师大学堂，然而这种主观意愿无法消除大势所趋的变法图强意识，兴办新式教育已势不可挡。张百熙主持制订了中国近代第一套系列学堂章程，包括《京师大学堂章程》《考选入学章程》《高等学堂章程》《中等学堂章程》《小学堂章程》及《蒙养堂章程》，这是中国近代教育史上第一次法定学校体制，史称"壬寅学制"。尽管由于各种原因，该学制并未实施，却成为中国近代教育体制的先声，促成了1904年张之洞主持制订的《奏定学堂章程》，并得到清政府批准实施，时称"癸卯学制"。该学制的规章制度也有李提摩太长期新学主张的影子，如前文所述，李提摩太与张之洞早就相识、相知、相惜、相助，众多政治、经济和文化教育思想都是一致的。1905年12月，晚清政府设立新学部，科举制度正式结束，这也是李提摩太长期以来的建议与诉求。

李提摩太不仅为宣扬新学著书立说，还躬亲新学教育实践，利用庚子赔款创办了山西大学堂（西斋）。1901年，为解八国联军之围，奕劻、李鸿章等重臣电邀李提摩太进京斡旋，要他寻求除进兵山西以外的赔偿办法，李提摩太随即拟定《上李傅相办理山西教案章程七条》，其中第三条说，"共罚全省银五十万两，每年交出银五万两，以十年为止。但此罚款不归西人，亦不归教民，专为开导晋人知识，设立学堂。"[②]这是一项很有

---

① 李提摩太：《速兴新学条例》，载《万国公报》第 115 册，台北：华文书局 1968 年影印合订本，第 28 本第 17864 页。

② 李提摩太拟，林朝圻述旨：《办理山西耶稣教案章程》，载《万国公报》第 149 册，台北：华文书局 1968 年影印合订本，第 32 本第 20247 页。

远见而又开明的主张,奕劻、李鸿章等人深表赞同,终获慈禧批准同意开办中西大学堂,但后来由于复杂的政治、宗教等原因,在与山西地方官员就学校主权和管理等具体事务谈判中一度陷入僵局。

1902年4月,李提摩太带着拟聘大学堂总教习敦崇礼来到太原,发现"有人正在大张旗鼓地筹备一所官立大学,与我负责筹建的大学很相似,并且被置于一位排外的政府官员的控制之下,那人曾千方百计反对建立实施西式教育的大学"①。经过与巡抚岑春煊反复谈判协商,1902年6月7日,双方签署合同将中西大学堂并入官立山西大学堂,成为特设西学专斋,原设学堂改为中学专斋,分别单独招生授课。两斋各设总理一人,中斋为谷如墉,西斋为李提摩太。初办时,中西两斋招收学生各二百名,待遇相同,每人每月发给白银四两,但教学内容和方法却有较大差别,如西斋教学科目涵盖了现代教育中的诸多学科,"涉及的建设项目包括:大礼堂、图书馆、体育馆、博物馆以及机械工程、绘画、化学、物理、实验、医学、数学、法律和文学等学科的教室"。② 为了切实发展新式教育,李提摩太在课程设置、教学方法和师生选拔等方面都倾注了大量心血,并在上海成立译书院,译编教材,因材施教。另外,李提摩太还根据山西矿产资源丰富的特点,多次选派学生留学英国"学习土木工程、电机工程、采矿冶金等科",培养能发展经济的应用型人才。③ 1904年,晋省新任学台宝熙对中斋进行改革,促进了中西两斋的趋同融合,从此,以西斋为代表的新式教育成为山西大学堂办学实践的主流取向。

---

① 李提摩太著,李宪堂、侯林莉译:《亲历晚清四十五年——李提摩太在华回忆录》,天津:天津人民出版社2005年版,第283页。
② 李提摩太著,李宪堂、侯林莉译:《亲历晚清四十五年——李提摩太在华回忆录》,天津:天津人民出版社2005年版,第286页。
③ 郭荣生:《清末山西留学生》,太原:山西文献社1983年,第50页。

第四章　李提摩太西学著译的模式语言

　　晚清传教士的西学著译活动不是译者个人的"独舞",而是在中国特定的语言文化环境下,传教士采用"交际舞"方式与中国知识分子合译,具体模式即为"西译中述",其中李提摩太的合作著译人主要是广学会记室、华士报人蔡尔康。中西合译的成效之处在于克服了著译过程中的语言障碍,基本实现了从文字到文化的中西交流,不足之处则是合译者受自身学识和语言能力的限制,无法完全正确理解、重构和传递西学内容,存在生搬硬套式的误译甚至错译,导致出现较多语义失真现象。"西译中述"模式既通过借用、改造和新创等方式形成繁多的新名词,丰富了汉语的词汇,又使文本语言呈现出官土白话、雅言俗语和深浅文言的杂糅特征,并在题材、体裁、叙事、符际诸方面反映了英汉语际的互文性和会通性,在涵化嬗变中带动了近代汉语的官话书写口语化和语法结构欧化的发展趋势,增强了汉语语言表达的严谨性和逻辑性,同时催生了后期国人自觉的"白话运动"。

第一节 "西译中述"的合作模式

一、"西译中述"的来龙去脉

以李提摩太为代表的晚清传教士西学著译不是传教士个体或其群体的独立活动,而是在中国语言文化的特定背景下,传教士和华士报人的相互合作行为,本质上属于中西文化交流。西译中述源于早期的佛经翻译,发展于明清之际来华耶稣会士的西学东渐,完善于晚清时期的西学翻译,20世纪后随着精通双语的本土专业译才的出现而逐渐式微。东汉时期开始的佛经翻译,由于作为翻译主要力量的外来僧侣不能兼通梵文和汉语,只能依靠汉族知识分子的语言帮助,合译应时而生,"早期翻译佛经,全凭口授,即由外僧背诵某一经,由一人口译成汉语,叫作'传言'或'度语',另一人或数人'笔受',即录成汉字,再进行修饰。"①

明清之际天主教耶稣会士来华开启了中国翻译史上的第二次翻译高潮。耶稣会士西学东渐的主要目的是将天国的种子撒播至外邦,但在与中国开明知识分子的合作中促进了西学尤其是科技知识的译介活动。钱存训将这一时期的中西合译特征总结为:西人口述,华人笔录,前者称为"口译"或"授",后者称为"笔受"或"演"。② 利玛窦作为晚明天主教在中国开疆辟土的集大成者,精通多学科的西方科技知识,汉语能力和汉学功底在当时来华传教士中也算佼佼者,可谓学贯中西,但对著译活动也是无力独担,后在徐光启帮助下才译成《几何原本》,为此他感慨中西合译之必要和合译之难:

---

① 马祖毅:《中国翻译通史》(全一卷),武汉:湖北教育出版社 2006 年版,第 77 页。
② 钱存训:《近世译书对中国现代化的影响》,载《文献》,1986 年第 2 期。

　　　窦自入中国，窃见为几何之学者，其人与书，信自不乏，独未睹有
　原本之论……当此之时遂有志翻译此书，质之当世贤人君子，用酬
　其嘉信旅人之意也。而才既菲薄，且东西文理又自绝殊，字义相求仍
　多阙略，了然于口尚可勉图，肆笔为文便成艰涩矣。嗣是以来，屡逢
　志士左提右挈，而每患作辍，三进三止……吴下徐太史先生来，太史
　既自精心，长于文笔……先生就功，命余口传，自以笔受焉，反复展
　转，求合本书之意，以中夏之文重复订正，凡三易稿。①

　　事实上，华人合作者对合译之难感受更深，如晚清华蘅芳与美国传
教士玛高温（D. J. Macgowan, 1814—1893）合译过众多数学、物理学和矿
物学等方面的著作，他就在译著《地学浅释》的序言中记录了这种困难：

　　　惟余于西国文字未能通晓，玛君于中土之学又不甚周知，而书
　中名目之繁、头绪之多，其所记之事迹每离奇恍惚，迥出于寻常意计
　之外，而文理辞句又颠倒重复而不易明，往往观其面色、视其手势，而
　欲以笔墨达之，岂不难哉！②

　　尽管如此，晚清新教传教士的来华还是掀起了中国第三次翻译高
潮，中西合译模式也渐臻成熟，但凡中文著译作品声名远播者，总有文才
卓越的华士代笔者。傅兰雅受聘江南制造局译书馆 28 年，与华蘅芳、徐
寿、徐建寅等人合译繁多，涉及基础科学、应用科学、军事科学和社会科
学等各个方面，被熊月之称为"译书巨擘"和"科普先驱"③，他将这种合译
模式总结为"西译中述"：

　　　所欲译者，西人先熟览胸中而书理已明，则与华士同译，乃以西

――――――――――
　①　徐宗泽：《明清间耶稣会士译著提要》，上海：上海书店出版社 2006 年版，第 200—201
页。
　②　玛高温译，华蘅芳述：《地学浅释·序》，江南制造局翻译馆 1873 年版。
　③　熊月之：《西学东渐与晚清社会》，北京：中国人民大学出版社 2010 年版，第 452—455
页。

书之义,逐句读成华语,华士以笔述之。若有难处,则与华人斟酌何法可明。若华人有不明处,则讲明之。既译之后,华士将初稿改正润色,令合于中国文法。有数要书,临刊时华士与西人核对;而平常书多不必对,皆赖华士改正。因华士详慎郢斫,其讹则少,而文法甚精。①

在这一合译策略模式中,西人是主译者,先口译原作内容,力保信息的准确性,华士是辅助者,笔述达辞,讲究遣词造句,力求译本的可读性。《江南制造局译书提要》记载,与傅兰雅合作的华人中,就有包括徐寿、徐建寅父子在内的 17 人,在该批书册的原本上皆印有清楚的合译者分工,其中西人全为"口译",未曾有手述一字之劳。②《万国公报》所登载中西合译的署名文章中,西人多署"口译、译意、口述、述略、述意、命意、腹稿、授意、造意"等,而华士多署"笔述、手录、纪言、手书、纂述、撰文、作文、遣词、汇编、慎择、撰录、手志"等,有时则是同著、同译等释语,有的却抹去后者姓名。"西译中述"模式下的译述,并不严格按照原文翻译,而是对原文的内容加以叙述,以述补译,由述达意,是一种译介,是一种"创造性叛逆"。③

这一时期中西合作译述成果丰硕,产生了近代翻译史上诸多"第一"或"之最"。伟烈亚力和李善兰合译的《代微积拾级》(1859,美国罗密士原著)是近代中国第一部高等数学专著;艾约瑟和李善兰合译的《植物学》(1859,英国林德利原著)是近代中国第一部西方植物学著作;嘉约翰和林应祥合著的《花柳指迷》(1872)、《皮肤新编》(1873)分别是中国性病和皮肤病的第一部著作;傅兰雅、徐建寅合译的《声学》(1874,英国田大里原著)是近代第一部西方音乐专著;傅兰雅和华蘅芳合译的《防海新论》(1874,德国希理哈原著)是近代输入中国的第一部外国军事著作;金凯理和华蘅芳合译的《测候丛谈》(1877,英国侯失勒原著)是近代中国第一部

---

① 傅兰雅:《江南制造总局翻译西书事略》,载《格致汇编》,1880 年第 3 册,第 6 页。
② 《江南制造局译书提要》各卷,江南制造局翻译馆,宣统元年局刻本。
③ 谢天振:《译介学》,上海:上海外语教育出版社 1999 年版,第 144—160 页。

系统介绍西方气象学的译著；傅兰雅和赵元益合译的《西药大成》(1879，英国来拉、海得兰原著)是光绪年最大的一部西药译著，共 16 厚册，近 300 幅图；傅兰雅和栾学谦合译的《化学卫生论》(1880，英国真司腾原著)是近代第一部人体学译著；林乐知和任保罗合著的《全地五大洲女俗通考》(1903)是首次宣扬女性解放思想的书籍；李提摩太和蔡尔康合译的《大同学》(1899)是首次介绍马克思及其学说的著作。另外，傅兰雅和应祖锡合译的《佐治刍言》(1885，英国钱伯斯原著)是"论政治最通之书"①；林乐知和蔡尔康合著的《中东战纪本末》(1896)是述评中日甲午战争的书籍中"以出版较早，规模最宏大、读者最易得而著称"②；李提摩太和蔡尔康合译的《泰西新史揽要》(1895，英国麦肯齐原著)则是"述百年以来，欧美各国变法自强之迹，西史中最佳之书也"③。

这种合作著译模式虽然在一定程度上解决了语言互不精通的问题，但局限性也一目了然，一是中西之间语意传递并不顺畅，有误解脱节之处，二是由于社会身份认同的差异，合译者有意无意地进行变通或篡改。王韬在日记中坦言："译书者，彼主其意，我徒涂饰词句耳，其悖与否，故与我无涉也。且文士之为彼用者，何尝肯尽其心力，不过信手涂抹，其理之顺逆，词之陋晦，皆不任咎也。由是观之，虽译之，庸何伤？"④张之洞曾对中西合作著译模式评论说："译者学多浅陋，或仅习其语而不能通其学，传达失真，毫厘千里，其不解者则以意删减之，改易之。"⑤梁启超在《论译书》一文中也批评说："西人之稍通华语者，为之口述，而旁听者，乃为仿佛摹写其词中所欲达之意，其未能达者，则又参以己意，而武断其

---

① 梁启超《读西学书法》中对《佐治刍言》的评价，见《佐治刍言》点校说明，上海：上海书店出版社 2002 年版，第 2 页。

② 阿英著：《甲午中日战争书录》，载张静庐辑注：《中国近代出版史料初编》，上海：上海古籍出版社 2003 年版，第 116 页。

③ 梁启超：《读西学书法》，载夏晓虹辑：《〈饮冰室合集〉集外文》，北京：北京大学出版社 2005 年版，第 1164 页。

④ 王韬：《王韬日记》，北京：中华书局 1987 年版，第 50 页。

⑤ 张之洞、何启、胡礼垣撰，冯天瑜、肖川评注：《劝学篇·劝学篇后》，武汉：湖北人民出版社 2002 年版，第 152 页。

间,盖通洋文者,不达汉文,通汉文者,又不达洋文,亦何怪乎所译之书,皆驳斥迂讹,为天下识者鄙夷而讪笑也。"①马建忠也有类似表述:

> 今之译者,大抵于外国之语言,或稍涉其藩篱,而其文字之微辞奥旨,与夫各国之所谓古文词者,一率茫然未识其名划,或仅通外国文字语言,而汉文则粗陋鄙俚,未窥门径,使之从事译书,阅者展卷未终,俗恶之气触人欲呕吐。又或转请西人稍通华语者为之口译,而旁听者乃为仿佛摹写其词所欲达之意。其未能达者,则又参以己意而武断其间。盖通洋文者不通汉文,通汉文者又不达洋文,亦何怪乎所译之书皆驳杂迂讹。②

二、李提摩太的"西译中述"

和其他传教士一样,李提摩太的西学著译也受到语言障碍和文化差异的限制,他曾诉苦说:"中国文字之繁难,读书者费十年之功而犹不能尽识群书之字。"③故不论是编著作品还是译述作品,都需要华人的帮助与合作,只是有些作品的署名只有李提摩太一人(参见表八),而大多数作品的署名都是中西合作者两人,本质上都可归入"西译中述"。另外,现今所能搜集到的作品中,有的经过后人或出版社的重新点校、编辑、刻录、印制和出版等,署名已有所变化,如马军点校的《泰西新史揽要》署名为"李提摩太、蔡尔康译",但《万国公报》上的初译本《泰西近百年来大事记》的署名却明确为"西译中述"模式(参见表十二)。

---

① 张品兴主编:《梁启超全集》(第一卷),北京:北京出版社 1999 年版,第 46 页。

② 马建忠:《拟设翻译书院议》(1894 年),载汪家熔辑注:《中国出版史料(近代部分)》(第一卷),武汉:湖北教育出版社 2004 年版,第 31 页。

③ 李提摩太:《新字述略》,载《万国公报》第 114 册,台北:华文书局 1968 年影印合订本,第 28 本第 17844 页。

表十二:《万国公报》署名李提摩太及合作者的主要作品①

序号	署名	题名	日期	原册序目	合订本序目
1	李提摩太口译, 江东老竹手述	西国近事	1892.11 1893.1	46 48	21、22
2	李提摩太口译, 江东老竹笔述	西国近事	1892.12 1893.2—12	47 49—59	21、22
3	李提摩太著, 铸铁生译稿	八星之一总论	1892.11 1892.12	46 47	21
4	李提摩太, 铸铁生译	华英谳案定章考 (哲美森著)	1892.12	47	21
5	李提摩太著, 铸铁生主译	生利分利之法 一言破万迷说	1893.4	51	21
6	李提摩太译, 铸铁生手述	驳美国苛例书二首	1893.4	51	21
7	缕馨仙史译稿②	论分利生利之别	1893.5	52	21
8	李提摩太著, 铸铁庵主述	农学新法小引	1893.5	52	21
9	李提摩太译, 铸铁庵主述	农学新法 (贝德礼著)	1893.5	52	21

① 资料来源:《万国公报》,台北:华文书局 1968 年影印合订本。上述署名中李菩岳亦即李提摩太,而铸铁生、铸铁庵主、缕馨仙史、蔡芝级、蔡紫绂甫等等都是蔡尔康一人,江东老竹又名竹一,真名袁康,而伊川伯子、鼎星小浦氏则无法考证真名,另外很多封面处署名和正文部分署名的用词不尽一致,本表选用较通俗或影印字迹清晰的署名。《万国公报》影印本的每册封面几乎都是正中为竖列"万国公报"四字,左边是西历日期,右边是中历日期,但月份一般比西历迟一个月,目录里的月份则与中历一致,如合订本第 21 里的第 46 册封面日期为"西历一千八百九十二年十一月"和"中历光绪十八年十月",目录标题则为"万国公报第四十六次目录十月",本表日期与西历一致。

② 广学会 1894 年刊印的单行本《论生利分利之别》署名为:李提摩太著、蔡尔康译录。1897 年武昌质学会也刊发过《生利分利之别论》,署名为:李提摩太著、蔡尔康译述。

10	李提摩太著，铸铁庵主译	修命说序	1893.7	54	21
11	李提摩太译，铸铁生笔述	修命说	1893.7	54	21
12	李提摩太著，铸铁生笔述	三十一国志要	1893.9—1894.1	56—59	22
13	李提摩太述，铸铁庵主译	广学会第六年纪略	1894.1	60	22
14	李提摩太、铸铁庵主同著	治水辟地策并推广于上海议序	1894.2	61	22
15	李提摩太译，缕馨仙史稿	泰西近百年来大事记（麦肯齐著）	1894.3	62	22
16	李提摩太译，缕馨仙史述	泰西近百年来大事记（麦肯齐著）	1894.4	63	22
17	李提摩太著，蔡尔康译稿	拟广学以广利源议	1894.4	63	22
18	李菩岳译，蔡尔康述	泰西近百年来大事记（麦肯齐著）	1894.5	64	23
19	李提摩太译，沪蔡尔康作	泰西近百年来大事记（麦肯齐著）	1894.6	65	23
20	李提摩太译，缕馨仙史稿	泰西近百年来大事记（麦肯齐著）	1894.7	66	23
21	李提摩太译，蔡尔康录	泰西近百年来大事记（麦肯齐著）	1894.8	67	23
22	李提摩太译，蔡尔康笔述	泰西近百年来大事记（麦肯齐著）	1894.9	68	23

续表

23	李提摩太述， 蔡芝绂书	广学会第七年综纪	1895.2	73	24
24	李提摩太著， 蔡尔康笔	救世图序	1895.3	73	24
25	李提摩太著， 蔡尔康芝绂书	泰西新史揽要 译本序	1895.4	75	24
26	李提摩太作， 蔡尔康笔	泰西新史揽要 译本后序	1895.5	76	24
27	李提摩太译， 蔡芝绂述	诸女士献经祝暇记	1895.5	76	24
28	李提摩太译， 缕馨仙史述	总理广学会支应所 布嘉南先生语录	1895.9	80	24
29	李菩岳译 蔡芝绂述	俄据旅口记	1898.4	111	28
30	李提摩太译 蔡尔康述	电书月报	1898.4— 1898.7	111—114	28
31	李提摩太菩岳译， 蔡尔康紫绂甫撰	德前相 俾思麦王小传	1898.9	116	28
32	李提摩太译西文， 蔡尔康手著华文	道学列传小叙	1898.9	116	28
33	李提摩太口译， 蔡尔康手志	飞电传书	1898.9	116	28
34	提摩太菩岳命意， 鼎星小浦氏撰文	说锢	1898.10	117	28
35	李提摩太命意， 蔡尔康遣辞	行政三和说	1898.11	118	29

36	李菩岳译，蔡尔康录	电报汇译	1898.11	118	29
37	李提摩太菩岳著，蔡尔康芝绂氏译	中国安危视掌说	1899.2	121	29
38	李提摩太节译，蔡尔康撰华文	大同学（基德著）	1899.2—1899.5	121—124	29
39	李提摩太述译，伊川伯子纪言	飞电遗音	1899.2	121	29
40	李菩岳译英文，蔡芝绂撰华文	史学列传小叙	1899.5	124	29
41	李提摩太译，蔡尔康笔记	政学列传小序（福禄德著）	1899.8	127	30
42	李提摩太译，蔡尔康述	性理学列传小序（浦忒著）	1899.9	128	30
43	李提摩太命意，蔡尔康华文	西女有功中国说	1899.10	129	30
44	李提摩太运思，蔡尔康译意	救华上策	1901.3	146	32
45	李提摩太菩岳命意，蔡尔康芝绂甫遣辞	久安长治以止于至善为宗论	1901.4	147	32
46	李提摩太拟，林朝圻述旨	办理山西耶稣教案章程	1901.6	149	32
47	李提摩太译林朝圻笔述	危令炭列传	1901.7	150	32
48	李提摩太译蔡尔康属文	保罗列传	1901.7	150	32

续表

| 49 | 李提摩太菩岳著，蔡尔康芝绂节录 | 五洲教案纪略 | 1901.10 | 153 | 32 |
| 50 | 李提摩太著，蔡尔康述 | 政教相安平议 | 1904.6 | 185 | 36 |

　　上表所列的译述作品署名中，中西合作者在进行"西译中述"时的角色区分和功能定位比较简单明确，李提摩太负责"译""口译""译稿""述译""节译""译西文""译英文"等，口授解释原作大意，蔡尔康负责遣词造句，以"述""手述""稿""作""撰""撰华文""属文""手志""笔记"等方式落笔成文。对于众多编著作品，李提摩太的角色为"著""述""述译""命意"或"运思"等，蔡尔康等合作者则负责"译""译稿""书""纪言""译意""遣辞""节录"或"述"等。尽管署名方式各异，但中西合作著译的模式几乎未变，李提摩太构思主旨、讲述大意，蔡尔康等人仍是遣词造句成文。上表中李提摩太与江东老竹合作的《西国近事》是一种时事报道，应该属于编著创作性的文章，而署名也为"西译中述"模式，一方面说明以李提摩太为代表的晚清传教士群体的著译作品中，编著和译述是掺和杂糅的，不能也不必仔细区分界别，另一方面也说明，"译"和"述"也是相对统一的，本质上都是解释，译重口头，述重书面，以述补译，由述达意。

　　中西合作著译模式下，西人处于主导地位，决定著译的主题和内容，这就要求他们必须具备相应的语言文化和科学知识素养。尽管这些方面都能获得合作者的辅助，但与他们自身的学识和努力也是分不开的。李提摩太早在1865年就读哈弗福特韦脱神学院时，"和其他同学一道要求将希腊语和拉丁语替换为现代语言……要求教授一些比抽象的神学知识更为实用的科学知识及成果"。[①]当他乘坐"阿基里斯"号抵达香港时，结识了后来担任中国西部教区负责人的乔治·摩尔（George Moule）

---

　　① 苏慧廉著，关志远等译：《李提摩太在中国》，桂林：广西师范大学出版社2007年版，第10页。

牧师,"他让李提摩太着手学习汉语里的 214 个偏旁部首——它们可以组成数以万计的汉字。因为一个传教士要想读懂中国的文学作品,就必须学会中文。到达上海之前,李提摩太已经能够通过摩尔先生的考试了"。① 李提摩太回忆录第二章的标题即为"初到中国,学习中国的语言文化"②,讲述了到达中国的头五年生活工作情况,基本在各地游历,结识朝野,考察民情,学习语言,体验文化,这些教育背景和生活经历都为李提摩太后来的西学著译打下了基础。即便如此,李提摩太在决定"以学辅教"进行西学著译时,也深感自己所知有限,需要"大购各种书籍,科学仪器,以资自修"。③

表十三:李提摩太回忆录中所载阅读情况④

大类	书刊名称	作者	涉及内容	阅读时间
基督教	圣经旧约		基督教经典	来华前
	圣经新约		基督教经典	来华前
	传教指南	戴德生	内地会传教手册	1866
	每日祈祷书	必尤特	传教辅助材料	1870—1878
	自然神学	韦廉臣	神学著作	1870—1878
	基督生平	韦廉臣	神学著作	1870—1878
	神圣生存	泰勒	神学著作	1876 年前
	虔诚人生	弗朗西斯·索尔斯	神学著作	1876 年前
	基督教古史记	史密斯	传教辅助材料	1877 年前
	圣徒马可评议	花之安	神学著作	1878 年前

---

① 苏慧廉著,关志远等译:《李提摩太在中国》,桂林:广西师范大学出版社 2007 年版,第 13 页。

② 李提摩太著,李宪堂、侯林莉译:《亲历晚清四十五年——李提摩太在华回忆录》,天津:天津人民出版社 2005 年版,第 14—58 页。

③ 王奇生:《中国留学生的历史轨迹》,武汉:湖北教育出版社 1992 年,第 282 页。

④ 资料来源:李提摩太著,李宪堂、侯林莉译《亲历晚清四十五年——李提摩太在华回忆录》,天津:天津人民出版社,2005 年版;尹延安:《传教士中文报刊译述语言文化研究》,华东师范大学博士学位论文,2013 年,第 192—194 页。

续表

基督教	基督教证	丁韪良	神学著作	1878 年前
	寓言	丁韪良	神学著作	1878 年前
	良知之镜	中国信徒	神学著作	1878 年前
其他宗教	古兰经	索尔斯	伊斯兰教经典	1876 年前
	东方圣书	马克斯·穆勒	比较宗教学著作	1880—1884
	大乘起信论		佛教经典	1884
	法华经		佛教经典	1890 年后
	金刚经		佛教经典	1890 年后
	入佛指南		佛教书籍	1890 年后
西学	西方文明	花之安	史地	1870—1878
	生理学基础教程	赫胥黎	生物学	1881 年前
	十九世纪史	麦恳西	历史	1892 年前
	人类的教育	莱辛	教育	1895 年前
	海国图志	魏源	史地	1895 年前
	中东战纪本末	林乐知	历史	1897 年前
	神奇的世纪	罗素·华莱士	历史	1902 年前
	通史	梅耶	历史	1902 年前
	世界的故事	辛之	史地	1902 年前
中国文化	道德经	老子	道家经典	1872 年前
	近思录	朱熹	理学	1876 年前
	政要年鉴	林乐知	晚清政治	1878 年前
	中央王国	卫三畏	中国文化	1884 年前
	大学	曾参	儒家经典	1884 年前
	论语	孔子	儒家经典	1884 年前
	礼记	戴圣	儒家经典	1884 年前
	经世文编		政治读物	1895 年前

续表

中国文化	慈禧太后统治下的中国	贝克豪斯,布兰德	政治读物	1898 年前
	时论新编	强学会	政治文集	1898
	中国音乐	理查德夫人	中国文化	1898 年
	中国历史年表		中国历史	1902 年
	西游记	罗贯中	中国古典文学	1913 年前
报刊	中西教会报	林乐知主编	宗教类中文报刊	1870—1878
	教会新报	林乐知主编	宗教类中文报刊	1874 年前
	中西见闻录	丁韪良主编	综合类中文报刊	1876 年前
	申报	美查创办	综合类中文报刊	1876 年前
	基督教世界		宗教类中文报刊	1876 年前
	教务杂志		宗教类英文报刊	1876 年前
	时务报	梁启超主笔	综合类中文报刊	1897 年
	万国公报	林乐知主编	综合类中文报刊	1907 年前
其他	大不列颠百科全书		百科全书	1880 年前
	钱伯斯百科全书		百科全书	1880 年前

三、合作者蔡尔康

李提摩太的绝大多数著译作品都是与华人蔡尔康合作而成的,但部分作品只有李提摩太一人单独署名,而在两人都署名的作品中,蔡尔康所署之名也不尽一致,加上"西译中述"的选材和内容等方面由西人主导,致使以往学术界研究几乎忽视了蔡尔康作为合作者的身份认同、角色区分和社会责任等。

蔡尔康 1852 年生于嘉定,卒年不详,字紫绂,别号铸铁生、铸铁庵主、缕馨仙史、海滨野史等,"三岁而识字,十岁而读群经,弦诵一堂"。[①] 起初科举之路一帆风顺,"髫年入泮","岁科十试优等"成为生员中最出色的廪生,但在通向仕途的关键乡试中却屡试不第,"堂备满存,八试不售"[②] 使他倍感失落苦闷。科举之余,蔡尔康也较早投身报界,"二十岁后,出佐《申报》三年,继主《字林沪报》八年,继创《新闻报》五月"。[③] 1892 年,蔡尔康经早前同事沈毓桂引荐结识了刚出任广学会总干事不久的李提摩太,顺利成为广学会记室,1893 年又结识了从美国养病返沪的《万国公报》主笔林乐知,相谈甚欢,于是离开《新闻报》而加盟《万国公报》。《万国公报》名义上由林乐知主编,实际中文笔政却是沈毓桂,1894 年 2 月,沈毓桂年逾 88 岁请辞去职,蔡尔康从该报第 61 册起接任中文笔政,直至1901 年 12 月第 155 册,共编辑了 95 册,共计约 300 万字,后因与林乐知发生矛盾,蔡尔康离开《万国公报》。1903 年,蔡尔康被聘为新创《南洋官报》的采访委员,此后逐渐从报业消失,甚至卒于何年也渺不可寻。[④]

　　蔡尔康作为报人最辉煌的职业生涯无疑是供职于《万国公报》期间,主要刊发与李提摩太、林乐知的合译作品,同时独自撰写一些政论,主旨内容既有宗教亦有科学。甲午战争期间,蔡尔康以"林乐知选择、铸铁生汇录"的署名,汇集当时国外各大报刊对此战争的报道,转载于《万国公报》,成为中国报刊史上最早大规模结集的主题新闻,提高了《万国公报》的新闻报道质量和社会知名度,报道后辑成《中东战纪本末》共八卷由广学会出版发行。1899 年 2 月至 5 月,《万国公报》刊登了李提摩太、蔡尔

---

　　① 蔡尔康:《送林荣章先生暂归美国序》,载《万国公报》第 109 册,台北:华文书局 1968 年影印合订本,第 28 本第 17475 页。

　　② 蔡尔康:《先妣沈太安人行述》,载《万国公报》第 92 册,台北:华文书局 1968 年影印合订本,第 26 本第 16339 页。

　　③ 蔡尔康:《万国公报百卷庆成记》,载《万国公报》第 100 册,台北:华文书局 1968 年影印合订本,第 27 本第 16846 页。

　　④ 有关资料对蔡尔康生卒之年的标注不尽相同,方汉奇主编的《中国新闻事业通史》(第一卷)认为是(1858—192?),马祖毅主编的《中国翻译简史——五四以前部分》注明为(1852—192?),姚福申在《蔡尔康先生行年考略》中认为是(1852—1921),陈玉堂主编《中国近现代人物名号大辞典》则注释为(1852—1923),此后章晖、马军的论文《游离在儒耶之间的蔡尔康》和田中初的论文《游历于中西之间的晚清报人蔡尔康》都对蔡尔康生卒之年标注为(1852—192?)。

康合译的《大同学》，文中写道："以百工领袖著名者，英人马克思也。"①这是马克思的名字第一次被译入中国，尽管误释了国籍，但"马克思"一名一直沿用至今，这也可算是蔡尔康的杰作了。除编辑他人论述、介绍西方学说之外，蔡尔康每期还撰发"新论"一篇，评论时事，针砭时弊，警醒社会，"只字不敢苟下，片愿不敢妄发，惟是兢兢业业，孜孜乞乞。士大夫喜其政而一久正，购报之书四远踵至"。② 由此可见，"蔡尔康与李提摩太等西人的合作著译，是整个公报的灵魂，无论是数量，还是社会影响力，都是其他作者无法比拟的"。③ 李提摩太的诸多著译作品在晚清广受欢迎，自然离不开蔡尔康笔录达辞的贡献。蔡尔康因其文采斐然"几合美华而为一人"，而被誉为"上海华文报业中的最佳作家"④。林乐知曾夸奖他"每下一语，适如余意之所欲出……余之舌，子之笔，将如形之于影，水之于气，融美华以一冶，非貌合而神离也"。⑤

投身报界在今天看来似乎是与时俱进的时髦事业，但在 19 世纪中晚期却是失意落魄文人的被迫选择，毕竟当时的"正道"是报考科举、步入仕途、博取功名、光宗耀祖。自鸦片战争以来，干戈四境，都门不守，国人多不反思内因己过，全怪罪于外族入侵，自然对西方文化心怀敌视仇恨，童年蔡尔康亦是如此，"每遇异言异服之人辄视以为大憨，更习闾里老之毁西教，私期他日拆扫异端"。⑥ 然而面对一再受阻的科举大门，落第士子们多由失望转向怨愤，甚至走向叛逆。"半生含怒，频居抑郁之中"，"这些人生活在礼法的边缘，为社会所侧视，然一旦时机成熟，却极

---

① 基德著，李提摩太节译、蔡尔康撰文：《大同学》第一章，载《万国公报》第 121 册，台北：华文书局 1968 年影印合订本，第 29 本第 18287 页。

② 蔡尔康：《万国公报百卷庆成记》，载《万国公报》第 100 册，台北：华文书局 1968 年影印合订本，第 27 本第 16846 页。

③ 马光仁主编：《上海新闻史》，上海：复旦大学出版社 1996 年版，第 164 页。

④ 梁元生：《林乐知在华事业及〈万国公报〉》，香港：香港中文大学出版社 1978 年版，第 115 页。

⑤ 蔡尔康：《送林荣章先生暂归美国序》，载《万国公报》第 109 册，台北：华文书局 1968 年影印合订本，第 28 本第 17475 页。

⑥ 蔡尔康：《送林荣章先生暂归美国序》，载《万国公报》第 109 册，台北：华文书局 1968 年影印合订本，第 28 本第 17475 页。

易从传统的桎梏中挣脱出去,通过与西方文化的接触,寻找到新的人生坐标。"①

蔡尔康选择襄助西人办报译书是需要很大勇气的,这在当时是为国家社会难容的叛经离道的行为,若不是对"正道"的绝望,料想他也不至于取此"下策"。入职《万国公报》之后,李提摩太等诸多西方传教士的人格魅力和科学素养都对蔡尔康有潜移默化的影响,尤其是传教士针对晚清变法图强提出的"救国良策"更让蔡尔康满怀敬意,他盛赞传教士说:"其熟精华学者,则更著书立说,敦敦剀劝,不但为渡人之宝筏,兼可为治世之金针,盖其于羁旅之乡,直视为梓桑之国。"②1895 年后,蔡尔康更是公开表达对传教士的亲近之情。他曾多次在《万国公报》撰文,就当时浙江、福建和四川等地发生的教案为传教士们辩护,认为传教士不应成为其母国侵略政策的迁怒对象,"教士来华恪守教法,但以匡救振兴为己任,与其政府之心相悬天壤"。③

蔡尔康对传教士的好感和对西方文化的接受,并不意味着他已成为洋人的附庸,实际上他也曾明确表达学习西方的方针应是"撷其精华,而弃其糟粕"④。他并没有受洗入教,对西方列强侵华的祸心也并不隐晦,德国占据胶州半岛时,他曾奋笔疾呼"投笔看剑不知涕泪之何从矣"⑤。蔡尔康也并未摈弃中国传统文化,而是主张中西文化的协调与会通,他声称,"孔子是东方圣人,耶稣是西方圣人,教士与吾儒岂有异哉"。⑥ 这种认识使得他能够心安理得地和传教士合作著译,成为他们的"留声机",甚至认为这也是在实现曲线救国的抱负。变法维新、救国图强是晚

---

① 田中初:《游历于中西之间的晚清报人蔡尔康》,载《新闻大学》,2003 年冬季卷。

② 蔡尔康:《新语七》,《万国公报》第 79 册,台北:华文书局 1968 年影印合订本,第 24 本第 15429 页。

③ 蔡尔康:《新语七》,《万国公报》第 79 册,台北:华文书局 1968 年影印合订本,第 24 本第 15429 页。

④ 蔡尔康:《以士保国续说》,载《中东战纪本末》卷七,广学会 1896 年,第 21 页。

⑤ 林乐知译、蔡尔康录:《德主夺据胶州纪》,载《万国公报》第 107 册,台北:华文书局 1968 年影印合订本,第 27 本第 17347 页。

⑥ 转引自田中初:《游历于中西之间的晚清报人蔡尔康》,载《新闻大学》,2003 年冬季卷。

清的时代趋势,但在封建统治的重压之下难乎其言。于是,为传教士代笔著译微妙地提供了议论之机,蔡尔康为广学会撰写年报时就曾说"中国维新之士摧丧阻抑"[1],而代笔华人则可藉洋袈裟作虎皮,"敢言翰林、御史所不敢言……明知于犯忌而仍录之"。[2] 蔡尔康的个体特征,也是晚清西学著译华人合作者群体的一个缩影,他们在与洋人打交道的过程中不可避免会受到一些消极甚至反动的影响,但在爱国这一民族气节上,绝大部分人却是爱憎分明,毫不含糊。他们在中西文化交流上起到了文字媒介的作用,同时藉与传教士合作著译之便,极力宣扬"中体西用",主张向西方学习,对晚清的社会变革有一定的促进意义。

---

[1] 《1899年广学会第十二届年报纪略》,载《中西教会报》第62册,1900年2月。

[2] 林乐知、蔡尔康:《中东战纪本末三编》,广学会第三次勘定本1901年。

第二节　涵化嬗变的著译语言

晚清来华传教士的西学著译受到西方语言词汇构成、句法结构、思维模式、表达习惯和表现形式的诸多影响，突破了汉语传统文言的束缚，在语词、语体甚至文体层面都孕育着嬗变与创新，触动了清末民初国人自觉主导的"白话运动"。李提摩太是传教士的重要代表人物之一，他的著译作品数量丰硕，主题广泛，影响深远，尽管其中的语言新变化并非为其所初创独创，但也可从中管窥这一时期传教士西学著译的整体语言特征及其对汉语语言变迁的影响作用。

一、繁多的新名词

词汇是概念的符号、事物的名称、思想的载体，晚清传教士的西学著译成为时人阅读的"知识仓库"，使得西方宗教知识、自然科学知识和人文社会科学知识得以在中国传播，表达新概念、新事物和新思想的新名词深刻改变了晚清的阅读世界。[1] 李提摩太著译西学的最初目的自是"以学辅教"，终极目标是传播基督教义，因此在他著译的《近事要务》《救世教益》《五洲教务》和《仇耶稣教即仇中国论》等众多作品中，来自宗教的新词汇较为丰富，如旧约、新约、耶稣教、圣书、基督、新教、福音、耶稣之徒、忏悔、洗礼、上帝、圣主、天主、天父、圣城等，尽管有些词在明清之际就已出现，但对于"礼仪之争"以至康熙禁教后的晚清民众而言，也算新异事物。

在自然科学方面，李提摩太所著《近事要务》涉及天文、地理、物理、化学等各门学科，新词倍出。《泰西新史揽要》论述英国"郅治之隆"时介

---

① 潘光哲：《追索晚清阅读史的一些想法——知识仓库、思想资源与概念变迁》，载《新史学》，2005 年第 3 期。

绍了百工情形,众多奇技异事为晚清国人前所未闻,诸如蒸汽机、火轮船、火轮车、火蒸车、飞器(飞机)、热力、铁裁缝、纺纱机、火柴、洋钉、电音、德律风(电话)、电灯、吸铁极(磁极)、氧气化合(氧化物)、映像(照相)、电报、电气传行(电流)、留声盒、电光、新枪、重炮、铁甲船、水雷、(望)远镜、测喉镜、爱克司射光(X光)、听肺筒、验目镜、牝户镜、显微镜等等,有音译词,有意译词。《八星之一总论》则让时人了解到地球之外的金星、木星、水星、火星、土星、天王星、海王星等太阳系行星,另有诸如恒星、卫星、昼长线(北回归线)、昼短线(南回归线)、层累(地层)、平流(洋流)、压下之气(气压)等新词。《三十一国志要》中不仅有古地质文献中的高丽、波斯、吕宋(菲律宾)、安南(缅甸)、暹罗(泰国)等"蕃夷"之国,也有稍早熟知的英吉利、法兰西、美利坚、德意志、俄罗斯、日本、印度、意大利、葡萄牙、西班牙等"泰西"之国,还有坎拿大、土耳基、和兰(荷兰)、巴西、银国(阿根廷)、澳大利亚、南非洲、希腊、丹国(丹麦)、瑞典、瑞士、比利时、埃及等陌生之地,也有太平洋、大西洋、印度洋、冰海(北冰洋)、中地海(地中海)、南极洲、亚细亚(亚洲)、欧罗巴(欧洲)、阿美利加(美洲)、阿非利加(非洲)等地理大发现后的新名词,有的沿用至今。

《泰西新史揽要》和《英国议事章程》中有大量西政方面的新名词:国政公会(议会)、会首(议长)、章程、名选(提名)、行选(投票)、口选(口头表决)、手选(书面表决)、统领/首领主(总统)、爵房(上议院)、乡绅房(下议院)、自主之理(民主)、行政-议法-掌律(三权分立)、审司(法官),等等。这些繁多的新名词打破了中国人的"天朝"观念,逐渐形成"世界"意识,促使封闭的晚清社会重构世界观,同时进行科学启蒙,并为晚清政治改革思想的形成准备了重要的社会舆论。

传教士著译新名词的语言表现形式不一,但是整体上呈现一词多译、意译为主和白话凸显等构词特征。一词多译一方面是音译词的一音多词,另一方面是在理解词义的基础上从汉语中寻找对等或近似词汇来翻译,前者如"American(美国)"的译名就有"亚米利加合郡""亚默利加国""亚墨利加""美理哥"和"米利坚国"等,后者如"juror(陪审员)"的译名有"批判士""有名望的百姓""有声望者""副审良民"和"矜者"等。到了

19世纪晚期,在传教士创制的新名词中,除人名地名外,大多词汇都趋向意译,如"parliament"在早期被音译成"巴厘满""巴力门"和"巴里满"等,后来意译成"国政公会""国堂""天理堂""乡绅之会""五爵之会""爵房""绅房"和"公议院"等,直至被固定译为"议会"。另外,新名词多以双音节或三音节词,较多的是偏正结构,以表示属性概念的词干加上表示限制种差的词缀而成,如火轮车、飞车、双轮车、飞车、电气车、货车、客车、动滑车等名词中,"车"为词干,其他是种差限制词,又如电车、电线、电器、电气、电灯、电路、电话等名词中,"电"是种差限制词,其他为词干。这些新名词扩大了近代汉语词汇,丰富了汉语的概念体系、观念体系和思想体系,提高了汉语的表达功能,形成了一种新的话语生态,促使白话代替文言的语言文化范式,进而引发晚清国人自觉的"白话运动"。

繁多的新名词在传教士笔耕不辍的著译过程中逐渐被统一涵化。《金石中西名目表》(1883)、《化学材料中西名录表》(1885)、《西药大成药品中西名目表》(1887)和《汽机中西名目表》(1889)等都为术语统一工作奠定了一定基础。1890年在上海召开的第二届新教传教士全国大会,探讨了著译新名词不统一的原因,并针对性建议:(一)尽可能意译,要善于在汉语中寻找对应词,而不必拘泥于字面意义;(二)音译时需要选用与官话发音最相近的汉字,最好是中国人日常熟知的汉字音系;(三)新词要符合汉语的基本结构,注重偏旁部首,尽量赋予字典中已有汉字以新义来译词。[①] 1898年7月李提摩太在《新字述略》中建议利用拼音辅习新字,"何如于文字之外,后加拼音之字拼切,方会是男女易习,立强国无形之实基"。[②] 1904年4月,《万国公报》发表林乐知、范祎的文章《新名词之辨惑》,探讨新名词厘定问题,主张新名词的创制有音译、意译和解释三类:"一以相近之声,模写其音;一以相近之意,仿造其字;一以相近之义,

---

　　① 　John Fryer. Scientific Terminology：Present Discrepancies and Means of Securing Uniformity. *Records of the General Conference of the Protestant Missionaries of 1890*. Shanghai, May 15th.

　　② 　李提摩太:《新字述略》,载《万国公报》114册,台北:华文书局1968年影印合订本,第28本第17845页。

撰合其文。"①

不同民族和国家由于生活环境、文化心理和社会风俗诸方面的差异,会造成语言交流过程中的"词汇空缺"现象,包括概念空缺和语义空缺。概念空缺是指词汇指称意义的缺失,源于事物存在状态差异导致不同语言间相互缺乏概念对等词,如电灯、电话等许多国人前所未闻的科技新发明。语义空缺是指不同语言中确实都有词汇表示类似概念,但相应的两个词汇所蕴含的意义内涵却不尽相同,如西方的总统(president)与中国的皇帝、西方的学校(school)与中国的私塾等。这些新名词在汉语中的生存与发展,既要有语言形式的顺应,更要有语义上的涵化(acculturation)。涵化原是人类学中的文化变迁现象,而语言学中的涵化指不同语言形式与意义在相互碰撞交流中逐渐走向渗透融合。由于在科技文化上的客观优势,晚清来华传教士的西学著译必然对汉语词汇的演变产生重大影响,而汉语词汇语义与源语(主要是英语)语义趋向同一,实质是汉语语言因子接受英语语言因子而形成的一种语言整合、借代或附加想象。② 上文提及的议会(parliament)经过音译、解释到最后的意译,就是一种涵化过程。另外,由于中日语言文化的历史渊源和日本较早的明治维新,传教士著译新名词一方面对日语词汇产生影响,另一方面又借助日语进一步影响汉语。中、日、西词汇的交流有三个方向:一是"西→中→日",一种是"西→日→中",一种是"(西→)中→日→中",从汉语新名词角度看,宗教、地理、天文、历史、物理、数学、化学、医学等学科术语多来自欧美传教士之手,而经济、政治、法律、军事、文学等学科术语多来自日语,尤其是甲午战后,日语新词汇由于多利用汉语已有古籍词汇固化定型,如"革命、民主、共和"等,容易为中国社会所接受,逐渐成为现代汉语词汇体系的重要组成部分。

---

① 林乐知著、范祎述:《译谭随笔·新名词之辨惑》,载《万国公报》第184册,台北:华文书局1968年影印合订本,第36本第22594页。

② 尹延安:《传教士中文报刊译述语言文化研究》,华东师范大学博士学位论文,2013年,第88页。

二、杂糅的语体特征

传教士西学著译的语体选择是晚清汉语演变的先导,引领了近代社会语言的语用风尚。美国长老会牧师狄考文(Calvin Mateer)曾讨论晚清中国社会有三种语体:简单易懂的口语,亦即官话;浅显的文言,亦即浅文理;深奥的文言,亦即深文理。[①] 狄考文所说的官话口语是指有别于方言的通行古白话,多为百姓口语,并非士大夫文言,他认为浅文理是从官话口语中获取文言营养演变而来,雅俗共赏,理应成为汉语发展的方向,亦是西学著译的主要语体。仅就官话而言,由于受到文言文的长期浸染和外语的即时影响,多表现为欧化的浅显文言,而著译作品的时间越早,文言特征越明显,反之越趋向白话。下面是李提摩太 1889 年《新学》和1908 年《预备中国十二年新政策》的文本片段,从中可以管窥文言白话倾向之别及汉语表达的时代趋势。

> 尝谓学者何必学于古,非也,何必学于今,亦非也,益学无论古今,学其有益于人者而已,此则中西君子公是公非之大道也。中国上古之世结绳而治,而后世圣人易之以书契,由是有三坟五典经史子集之书。迨至庠序学校之教设而诸子百家之学起,分门别类户诵家弦,此中国之学为之一变,不但中国为然,即西国亦然。其上古之时不必言,试言汉代以后各国多有学校而法尚未备,嗣各国朝廷前后于通都大邑处始建设新法上学,名之曰普书院,是新法较古法一变。至道光年间则各国各乡曲处,亦皆建设新法初学,是新法又一变。新法至同治光绪年间,则并新法中学与机艺学,亦皆一律建设矣,是新法增新变之再变夫,新法者何,总言之曰横竖普专而已。[②]

---

① Calvin Mateer. "Introductory Chapter on *Wenli*". *New Terms for New Ideas*: *A Study of the Chinese Newspaper*. Shanghai: Presbyterian Mission Press, 1924.

② 李提摩太:《新学·序》,载《万国公报》第 2 册,台北:华文书局 1968 年影印合订本,第 16 本第 10221 页。

　　安民之策不但保本国太平,亦使列国同享太平,其法有四:一殖民以安民,二均税以安民,三用机器安民,四联与国以安民……教民之法有三。一为官立学堂。大学堂、高等学堂、师范学堂须用教习二万,新学即由外国传来,应暂用外国教习十分之一,然须则有道德有名望者。二为民立学堂。官立学堂外,另有民立学堂,由民集款筹办收取学费,不足官款补助,大小不一。三为遣学生留学外国。每省当派大学堂毕业生一百名入外国大学堂读书三四年,查各国勤用心兴学之故,因各国之盛衰兴败都视学堂,学堂之费用乃兴国之母财,可得十倍利益,中国能每年于学堂费六十兆,则每年可得利六百兆,教民新政策之利益如是。①

　　词汇密度和语法复杂度是书面语区别于口语的两个重要语言特征。词汇密度是指句子中实词占整句词语的比例,密度越低,语体越趋近口语化,而书面语是非常正式的语体,词汇密度自然较高。词汇密度又与语法复杂度总体上成正比,词汇密度越高,语法表达形式一般就越复杂。汉语文言句子较短,语法简单,尽管有利于表情达意,但很难严谨地表达较复杂的思想。晚清传教士的西学著译文本中,语体呈现出长短交错、文白相间的杂糅状态,其中凸显的长句结构可以满足传递西方科学知识和文化思想的需要,而欧化语法结构则增强了汉语语言表达的严谨性和逻辑性。仅举数例如下。

　　例一:盖论脚价小河船比大洋轮船多四倍,铁路比轮船多二十倍,寻常车脚比轮船多六十倍,牲驼比轮船多百倍。②

　　例二:又近十年之内有人探索用兵交战之法,不在陆路,不在水路,

---

　　① 李提摩太:《预筹中国十二年新政策》,载《中西教会报》1908 年 6 月刊。
　　② 李提摩太:《救世教益》,载《万国公报》第 36 册,台北:华文书局 1968 年影印合订本,第 19 本第 12514 页。

而在空中。①

　　例三：本广学会之各西国教士分居中国十数行省，皆愿以广学之益遍告华人，而非书不能明其学，非钱不能成其书。②

　　例四：此一百年以前，阿非利加全洲所有居民至为贫困，既不识字，亦不读书，并不明理。③

　　例五：假如有地十方里，每年土产约值银百两矣，然而此十方里地中，倘需增入一千人，亦藉之以糊口，其所操之术，初无异于昔时，则人虽增而土产不增。④

　　例一为比较结构，欧式语体的比较句式不仅为两物性质的比较，更多侧重比较结果而与数量词或倍数词连用，与英语中"数量词＋形容词比较级＋than结构"相似。例二为转折复句，汉语中的转折复句多由带连词（虽、虽然、然是、是则）的起转句和带连词（但、但是、其实、然、还）的承转句组成，西学著译语体受英语转折复句结构影响，通常只使用承转句。例三为双重否定句，古汉语常用"非、勿、未、不、否、毋、莫、弗"等单字表达否定，双重否定则很少见，而后者在英语否定强调句中比比皆是。例四为并列复句，古汉语中并列结构主要使用单字"和、与、并"，甚至"和"通常也只能连接名词，英语中的并列连词或结构更多，该例句明显与neither … nor结构一致。例五是一个长复句，糅合条件和转折关系，结构严密，长而不散，语义清晰，非一般古汉语文言所能表述，与英语中的并列复合句相似。

　　在语言层面，文言文在晚清社会仍然处于主导地位，传教士的文化适应策略也得向本土语言做出妥协，导致著译语体存在文白杂糅特征。

①　李提摩太：《救世教益》，载《万国公报》第36册，台北：华文书局1968年影印合订本，第19本第12519页。

②　《广学会第五年纪略》，载《万国公报》第49册，台北：华文书局1968年影印合订本，第21本第13418页。

③　李提摩太：《非洲东南百年内事》，载《中西教会报》，1893年3卷25期第24页。

④　李提摩太：《生利分利之别论》，上海广学会，1894年，第10页。

另外,西学著译是在"西译中述"模式下完成的,"文法"主要由中国合作者负责。一方面他们都受过科举制度下严格文言的书写训练,文言已成为他们话语表达的主要语体,另一方面他们又是落魄文人,在作为谋生手段的合作著译过程中处于弱势地位,语体选择又受制于传教士的话语表达,因而面临着个人书写习惯与口语表达之间的取舍,导致最终的著译文本语体特征呈现矛盾性和多样性。

例一:地球五大洲之上,自国而邑,自族而家,势不能离群索居,即各有当尽之交谊。今第就一家论,门以外,临阴砌畔,任人往来作息,无论己。孟子曰:"昏暮,叩人之门户,求水火,无弗与也。"皆所谓常尽之交谊也。①

例二:八九十年前,英国人竞好宾客,而其待之之礼殊不见佳耳。主人宴客饮食时,皆以酒为重,客若不肯痛饮狂醉,即似藐视主人,主人亦以为各客尽醉始伸敬意,甚至有沉醉而纵横酣睡者,主人曰宾礼尽矣。②

例一的署名是"林乐知命意、蔡尔康遣词",可见蔡尔康充当了撰写者的角色,语体选择自由度高,对遣词造句自然回归传统文人本性,引经据典,文采斐然。例二的最初署名则是"李提摩太译、蔡尔康录",蔡尔康仅仅负责笔录,语体选择自由度较低,遣词造句采用的是西人容易理解的浅显文言,甚至趋近白话。

总体来说,西学著译的语体还是受制于传教士,他们作为著译的主导者,必须考虑使用特定的语言表现手段来实现文本的信息性与可读性,文本的生成语体选择受到他们的汉语水平、著译目的、文本属性和受众对象等因素的操控、制约和规范。传教士及其合作者在著译活动中是

---

① 林乐知命意、蔡尔康遣词:《通商传教皆大有造于中国论》,载《万国公报》第 157 册,台北:华文书局 1968 年影印合订本,第 33 本第 20762 页。

② 麦肯齐著,李提摩太、蔡尔康译,马军点校:《泰西新史揽要》,上海:上海书店出版社 2002 年,第 66 页。

创造者,具有主体能动性,既要反映社会集体的文化意识,又要体现译者个体的文化倾向,他们大多有意识地趋向意译和归化,在语言上放弃纯粹"深文理",而选择文白杂糅的"浅文理"。西方语言言文合一的特点带动了近代汉语的嬗变方向,即官话书写口语化以及语法结构的欧化,丰富趋同的外来词汇和复杂多变的句式表达是显而易见的,都增强了汉语语言表达的严谨性和逻辑性,催生了国人自觉"白话运动"的萌芽。

第三节 "文以载道":《泰西新史揽要》个案研究

《泰西新史揽要》的原著为英国人麦肯齐(Robert Mackenzie)的《十九世纪史》(*The Nineteenth Century*),叙述了 19 世纪西方主要国家的历史沿革、政体演变、相互争战、科技发明、人口物产和风俗习惯等,1880 年初版于伦敦[①],后经李提摩太和蔡尔康合译成中文,连载于 1894 年 3 至 9 月的《万国公报》第 62 至 68 册,初名为《泰西近百年来大事记》,次年广学会出版单行本,改名《泰西新史揽要》,全书共 24 卷。该译本文采斐然,形式独特,叙事简明,义理中正,会通了中西史传不同的叙事功能和特征,具有丰富的知识性、强烈的现实性和充分的可读性,尤其在外侮日亟、国势日非的晚清危局中,以其浓厚的进化论观点和强烈的经世致用思想获得了前所未有的认可和赞誉,甚至出现了"洛阳纸贵一书难求"的抢购现象,康有为、梁启超视之为瑰宝而进呈光绪帝,光绪每天在孙家鼐陪读下必阅此书,时长两月余[②],"日加披览,于万国之故更明,变法之志更决。"[③]近人姚明辉在《近代上海学术文化漫记》中对该书这样评价:

> 甲午之前,新书极希,饥者易为食而渴者易为饮。梁启超初出茅

---

① 熊月之著《西学东渐与晚清社会》、马军点校《泰西新史揽要》认为原著初版时间是 1889 年,邹振环著《影响中国近代社会的一百种译作》、刘雅军《李提摩太与〈泰西新史要览〉的译介》认为初版时间是 1880 年。根据费正清〔美〕主编的《剑桥中国晚清史》(中国社会科学出版社,1985)上册第 641 页和科林伍德〔英〕著、何兆武等译《历史的观念》(中国社会科学出版社,1986)第 164 页记述,该著初版时间应是 1880 年。另外,英语原著书名在以往引述中也不尽相同,大多论著选用 *The Nineteenth Century: A History*,马军点校本称之为 *History of the Nineteenth Century*,所据不详,本文所据原著文献为多伦多大学图书馆复印本,书名简为 *The Nineteenth Century*,但都可译成《十九世纪史》。

② 苏慧廉著,关志远等译:《李提摩太在中国》,桂林:广西师范大学出版社 2007 年版,第 207 页。

③ 梁启超:《戊戌政变记》,载《戊戌变法》(一),上海:上海人民出版社 1957 年版,第 251 页。

庐,撰《西学书目表》,品《泰西新史揽要》为第一等书。启蒙时期麻痹
无际,新学少年尊如圣籍,殆梦大英恍若天国。此上海广学会之学
风,实开二十世纪政党之阶。……李提摩太《泰西新史揽要》一书,在
十九世纪末、二十世纪初,不啻台风之起于上海也。①

　　这里借用"文以载道"观,立足原著和译作文本,探讨该书"文"的重
构性、"道"的超越性和"载"的会通性,以期丰富这部重要史学译著的研
究。"文以载道"是中国传统文学中"文""道"关系的一个基本命题,始出
韩愈《争臣论》中"修其辞以明其道"。周敦颐在《通书·文辞》中将其总
结为"文所以载道也",文如车,道如物,车之用是载物,文之用则是载道。
诚然,严格意义上,"文以载道"是儒家文论,"文"仅指儒家文学作品,
"道"自然是儒家伦理纲常,但广义上,"文"泛指文本,"道"即是道理,有
圣人伦理之道、自然规律之道、万物本源之道等普世之义理。另一方面,
史以文成,文史相通,如《史记》也被认为是中国古代散文成就最高的作
品②。因此,作为文论的"文以载道"观可以被拓宽并移植来探析史著《泰
西新史揽要》,以中贯西,以古论今。

一、"文"的重构性

　　"文以载道"观重视文的构建与创作。韩愈说:"圣人之道不用文则
已,用则必尚其能者。能者非他,能自树立不因循者是也。"③可见他评判
创作"能者"的标准就是重文,且不因循守旧,故并非呆板因袭之文,而是
流动创新之文。同时载道派认为"文从道出","文"的存在是为了顺应
"道"的传达,前者是显性内容,后者是隐性目的,如朱熹言"文皆从道中

　　① 转引自马祖毅主编:《中国翻译通史》(第一卷),武汉:湖北教育出版社2006年版,第370页。
　　② 聂石樵:《司马迁论稿·序言》,北京:中华书局2010年版。
　　③ 刘真伦、岳珍校注:《韩愈文集汇校笺注》,北京:中华书局2010年版,第866页。

流出"①,纪昀道"文原于道,明其本然"②,都强调"文"的本体性及与"道"的内在统一性。李提摩太在《泰西新史揽要》凡例中称"是书虽译作华文,而一字一句不敢意为增损,为中西文气之互异者,则于一节中有或前或后之别而已"③,但为了让中国人接受此书,以西史谋华事,该书不仅在遣词造句上重新构建,还在语辞文采层面进行了精雕细琢。

该书凡例一言明"西历以每百年为一周……故西书曰《第十九周大事记》……旋定今名以衷简要"④,李提摩太舍直译而取意译,实为迎合中国人的文化心理。"泰西"有别"中土",反映了根深蒂固的"夷夏之辨",而"中土之国"一直使用干支纪元,也很难轻易接受隐含着"欧洲中心主义"的西历纪元,"新史"对应"新学",和该书传递的变法图强之道和实业救国之理不谋而合。另外"大事记"也不符合中国传统史书表述,而"揽要"较为普遍,如清人姚培谦就编有《通鉴揽要》和《明史揽要》,故书名看似轻描淡写,实则有周全考虑,更易获得中国开明士绅和先进知识分子的文化认同。文本类似重构之处比比皆是,以原著开篇第一卷为例,李提摩太放弃原标题"本世纪初的欧洲"的西历表述而改为"欧洲百年前情形",将第四和第六节标题中的"贵族(noble)""地主(landlord)"转译成传统史传里的"世家",甚至将第十一节和第十四节标题里的"知识分子(intellectual)"直接换成"儒",另外文中穿插各种注释、按语,以国人熟悉的概念或事物来解释原文陌生抽象之处,无不有意识地顺应中国人的思维方式,拉近情感和心理距离。又如李提摩太按自己的主观意愿,将法国大革命(the French Revolution)译述为"法国大乱""民变"以及"法国大患"等,并把"自由的进步(progress of democracy)"换为"绥靖百姓",以迎合晚清封建统治者的口味,同时也反映了他鼓吹渐进式改革、反对激进

---

① 黎靖德编:《朱子语类》(卷139),北京:中华书局1986年版,第3305页。

② 范文澜:《文心雕龙注》,北京:人民文学出版社1962年版,第4页。

③ 麦肯齐著,李提摩太、蔡尔康译,马军点校:《泰西新史揽要》,上海:上海书店出版社2002年版,第6页。

④ 麦肯齐著,李提摩太、蔡尔康译,马军点校:《泰西新史揽要》,上海:上海书店出版社2002年版,第5页。

革命的文化保守主义。在文本整体叙事结构上，该书将中国传统史传的纪传体与西方史书卷、章、节分级体相结合，不仅能分篇梳理纵横交错的人物事件，而且能透析纷繁复杂的历史在动态发展过程中的前因后果。

　　另一方面，史以文成，"史之赖于文者，犹衣之需乎采，食之需乎味"①，《泰西新史揽要》处处讲究传统史传的语辞中正和文采斐然，以飨预期读者。在遣词层面，《泰西新史揽要》大量使用双音词、叠音词和四字格，加上由此衍生的各种音律和意象，使得语辞或有陈述之处的言简意赅，如俄土和约下的"心悦诚服，一无异议"②，或有刻画之处的紧凑自然，如日耳曼大战中的"血流成渠，骨暴成岭"③，或有感叹之处的字顺文从，如电光诸事皆"神工鬼斧，变化无穷"④，或有赏识之处的开合有度，如法民议事的"激昂慷慨、声泪俱下，然均安分守法，绝无喧扰"⑤，或有批判之处的淋漓尽致，如法王专制的"多行不道，罔思治理……生杀由己，虐使无常"⑥。这些都使文本读起来朗朗上口，铿锵有力，有"大珠小珠落玉盘"的节奏感，人物形象也栩栩如生，跃然纸上：有垂头丧气的大臣"仰屋而嗟"⑦，有懊恼惆怅的法王"拱手唯诺"⑧，有四面楚歌的奥君"束手唏嘘"⑨。在造句层面，《泰西新史揽要》频繁使用骈偶句，"左提右挈，精味

---

　　①　章学诚：《文史通义》（第三卷），上海：上海书店1988年版，第64—65页。

　　②　麦肯齐著，李提摩太、蔡尔康译，马军点校：《泰西新史揽要》，上海：上海书店出版社2002年版，第124页。

　　③　麦肯齐著，李提摩太、蔡尔康译，马军点校：《泰西新史揽要》，上海：上海书店出版社2002年版，第125页。

　　④　麦肯齐著，李提摩太、蔡尔康译，马军点校：《泰西新史揽要》，上海：上海书店出版社2002年版，第154页。

　　⑤　麦肯齐著，李提摩太、蔡尔康译，马军点校：《泰西新史揽要》，上海：上海书店出版社2002年版，第236页。

　　⑥　麦肯齐著，李提摩太、蔡尔康译，马军点校：《泰西新史揽要》，上海：上海书店出版社2002年版，第2页。

　　⑦　麦肯齐著，李提摩太、蔡尔康译，马军点校：《泰西新史揽要》，上海：上海书店出版社2002年版，第7页。

　　⑧　麦肯齐著，李提摩太、蔡尔康译，马军点校：《泰西新史揽要》，上海：上海书店出版社2002年版，第12页。

　　⑨　麦肯齐著，李提摩太、蔡尔康译，马军点校：《泰西新史揽要》，上海：上海书店出版社2002年版，第23页。

兼载"①，或有对比之意，如"今年多黍多稌，自然价值渐落，明岁无禾无麦，自然价值渐增。然苟进口者多，则年虽凶而仍泯斗米千钱之叹，进口者少，则岁虽稔而终有太仓匮乏之虞"②，或有递进之势，如"民命财货罔知爱惜，朝章国典任意纷纭，赋税烦苛，有官绅而不与商也，兵戈俶扰，有盟誓而莫与守也。所爱之国则加保护，所恶之国则肆诛求"③。这些骈偶句利用汉语词汇丰富和句式灵活的特点，再塑了传统史传文笔整齐、文风古典和音韵优雅的美感，它们穿插在散句之间，使得文章在结构上张弛有度，错落有致；在文采上熠熠生辉，生机盎然。

二、"道"的超越性

在传统的"文以载道"观里，"道"即便指儒家的伦理纲常，但也并非一国之方略，而是普世之义理。欧阳修认为，作为"道"之内涵的六经"非一世之书，将其与天地无终极而存也"④，曾巩也说："道者所以立本也，不可不一。"⑤显而易见，"道"具有超越性，要求"文"以自己的方式来阐发"道"的真义，由于真义是永恒的，具有本原性，这种阐发就不是重复追随，而是自主创造。麦肯齐的原著在西方多被认为是"三流历史著作中最令人乏味的残余"⑥，但被译成中文后却成为晚清"维新时期最风行的读物"⑦，究其原因，就在于其笔力独扛的文字和厚重甘醇的历史背后所传递的"大道无情运行万物"之理。

---

① 刘勰：《文心雕龙》，郑州：中州古籍出版社 2008 年版，第 361 页。

② 麦肯齐著，李提摩太、蔡尔康译，马军点校：《泰西新史揽要》，上海：上海书店出版社 2002 年版，第 98 页。

③ 麦肯齐著，李提摩太、蔡尔康译，马军点校：《泰西新史揽要》，上海：上海书店出版社 2002 年版，第 2 页。

④ 李逸安编：《欧阳修全集》，北京：中华书局 2001 年版，第 615 页。

⑤ 陈杏珍、吴继周编：《曾巩集》，北京：中华书局 1984 年版，第 184 页。

⑥ 科林伍德著、何兆武译：《历史的观念》，北京：中国社会科学出版社 1986 年版，第 164 页。

⑦ 邹振环：《影响中国近代社会的一百种译作》，北京：中国对外翻译出版公司 1994 年版，第 103 页。

　　"道"是关心民生福祉,提倡经世致用。《泰西新史揽要》蕴含着浓厚的"以民为本"思想,李提摩太在译本序直言,"今日兴国之道,有断不可少者四大端:道德一也,学校二也,安民三也,养民四也。凡精于四法者,其国自出人头地,不精或不全者,不免瞠乎其后,毫不究心者则更在后矣"。①他在《泰西新史揽要译本后序》中进一步指出,"废兴成败之所由,则有万无可缺之四法焉,一曰道,在新民;一曰教,在化民;一曰政,在安民;一曰养,在富民。此四法者,所得愈精,所益愈大。"②此即《新政策》的早期表述,对晚清危局中救亡图存的知识分子启迪深刻,康有为的《上清帝书》和梁启超的《新民说》都得益于此。

　　《泰西新史揽要》以4卷专述法国,认为法国是欧洲暴乱之源,虽然存在有意贬斥之嫌,但也能洞悉其根源在于法国统治者的暴政,不爱惜子民。"法民痛苛政之猛于虎,又加之以重役"导致"民心之叛离"③,甚至以"法国世家暴虐其民"为一节题名,"其君专权自肆,爱憎取舍悉徇偏私,小民呼吁无门,激而生变"④,分析得鞭辟入里,应和了《论语·尧曰》中的"四海困穷,天禄永终"之理。同样,俄王"误国害民,遗祸宗社"时,诸臣"援引古人民为重、社稷次之、君为轻之一言,不得已缢王而弑之"⑤,阐明了"水能载舟亦能覆舟"的君民之道。然则如何养民,该著第八、九两卷给出了明确答案,亦即提倡经世致用,重在百工实业,涉及水陆通商、汽机、船政、纱纺、冶金、火轮、电报、电光、火柴、裁缝、照像、报馆、医疗、教育和农技等郅治实学,认为"养民诸法之获益,较诸疆场之间争城

　　① 麦肯齐著,李提摩太、蔡尔康译,马军点校:《泰西新史揽要》,上海:上海书店出版社2002年版,第2页。

　　② 李提摩太:《泰西新史揽要译本后序》,载《万国公报》第76册,台北:华文书局1968年影印合订本,第24本第15195页。

　　③ 麦肯齐著,李提摩太、蔡尔康译,马军点校:《泰西新史揽要》,上海:上海书店出版社2002年版,第5页。

　　④ 麦肯齐著,李提摩太、蔡尔康译,马军点校:《泰西新史揽要》,上海:上海书店出版社2002年版,第2页。

　　⑤ 麦肯齐著,李提摩太、蔡尔康译,马军点校:《泰西新史揽要》,上海:上海书店出版社2002年版,第24页。

夺地,谓为有益于国计,非可同年而语也。业既富有多金,家给人足,为非作歹之心自消归于无何有之乡"①。这些理念呼应了当时"师夷长技"和"实业救国"中的"中体西用"思潮,促进了中国早期现代化进程,这是《泰西新史揽要》有别于其他泛泛史书的地方,也是该书能在中国具有强大吸引力的地方。

"道"是顺应自然法则,追求变法图强。《泰西新史揽要》散发着19世纪中后期欧洲盛行的"进化论"气息。第23卷《欧洲安民》第7节"欧洲之西除旧更新"中写道,"人之生也,先幼弱而长大、而衰老,各国则有兴必有衰,惟地球则有长而无老,有兴而无衰……然其实皆有大道以包乎万国,而各有至理以运乎一心,及至事成,天意毕显,善人大喜,恶人大惧"。② 显而易见,此"大道"和"至理"就是"人递胜于前"的社会进化论。《泰西新史揽要》通过宣扬欧洲各国在物质、制度和文化层面的进步,表明任何一个国家发展的历史,都是一部生存竞争的历史,只有与时俱进,实施新政,革故鼎新,才能国富民强,"民生之困非天灾也,国家制度之不善也,举官法之不合也,欲苏民困,必自痛改公举议员之例始"。③ 该书以8卷专述英国,中心内容就是英国新政,集中于卷五"改制度"共8节、卷六"英除积弊"共26节和卷九"郅治之隆"共28节,列举了英国议会1816年、1828年、1832年、1872年和1885年共五次改革,叙述详尽,分析透彻,赞赏了英国政治制度对人民参政权利的认可和对民主自由的共识,"昔日英民举官之权全不均平","今则一一厘正,必公必平"④,"此百年中所改诸章程,为自古以来未有之神速……此百年中地球诸大国已去其权势

① 麦肯齐著,李提摩太、蔡尔康译,马军点校:《泰西新史揽要》,上海:上海书店出版社2002年版,第158页。
② 麦肯齐著,李提摩太、蔡尔康译,马军点校:《泰西新史揽要》,上海:上海书店出版社2002年版,第407页。
③ 麦肯齐著,李提摩太、蔡尔康译,马军点校:《泰西新史揽要》,上海:上海书店出版社2002年版,第74页。
④ 麦肯齐著,李提摩太、蔡尔康译,马军点校:《泰西新史揽要》,上海:上海书店出版社2002年版,第79页。

之大弊,民既大安大盛"。① 该书输入的"物竞天择、适者生存"思想后经严复《天演论》的消化反刍,给晚清社会以当头棒喝,使得变法图强意识逐渐深入人心,给维新运动提供了理论武器,如曾任李提摩太中文秘书的梁启超在《变法通义》中说:"要而论之,法者,天下之公器也;变者,天下之公理也……变而变者,变之权操诸己,可以保国,可以保种,可以保教。"②可见,李提摩太"试图通过译本在华扮演社会达尔文主义训导师和中国维新变法代言人的双重角色"③,他传递着这样的道理:社会是不断发展进步的,一个国家,一个民族,只要不甘于落后,勇于进取,兴利除弊,奋发图强,就一定能由落后变为先进,由弱小变为强大,由愚昧变为文明,由专制变为民主。④

三、"载"的会通性

"文以载道"的"载"本意是装载,引申为阐明,意指撰写文章是为了说明道理,这里借用这一文论表示译述文章也是为了阐发道理。如前所述,译述是指不严格按照原文翻译,而是对原文内容加以叙述,以述补译,由述达意。作为李提摩太的著译合作者,蔡尔康曾主持《字林沪报》和《新闻报》,经沈毓桂引荐结识了李提摩太而成为记室,协助甚至独自主笔过《万国公报》,被誉为"上海华文报业中的最佳作家"⑤,有这样的硕学鸿儒执笔文本,对中西史传不同的叙事功能和方式上的会通不可避免,也可谓驾轻就熟,信手拈来。

"以史警世"会通"以史记事"。在西方,历史(history)源于希腊语historia,本意指"以调查、报道、叙述的方式获得的知识",后演化成"对过

---

①　麦肯齐著,李提摩太、蔡尔康译,马军点校:《泰西新史揽要》,上海:上海书店出版社2002年版,第407页。

②　梁启超:《变法通义》(节录),载《梁启超选集》,上海:上海人民出版社1984年版。

③　邹振环:《西方传教士与晚清西史东渐》,上海:上海古籍出版社2007年版,第285页。

④　熊月之:《西学东渐与晚清社会》,北京:中国人民大学出版社2010年版,第477页。

⑤　梁元生:《林乐知在华事业及〈万国公报〉》,香港:香港中文大学出版社1978年版,第115页。

去事情的记载",崇尚客观真实,成为冷静无私、避免己见的历史记录,强调记事功能①。与之形成对比的是,中国传统史学自孔子作《春秋》以来就强调以史警世,唐太宗也说"以史为镜,可知兴替",可见史传的功能是"纲纪天人,推明大道"②。麦肯齐的原著"以国为经,以事为纬",记录 19世纪欧美各国的大事情形,而李提摩太选译《泰西新史揽要》的目的在于:"此书为暗室之孤灯,迷津之片筏,详而译之,质而言之,又实救民之良药,保国之坚壁,疗贫之宝玉,而中华新世界之初桄也。"③或于显豁处借西醒中,或于细微处扬善惩恶。该书多次模仿《左传》"君子曰"和《史记》"太史公曰"等文首表述形式来增加评论,畅言己见,构成典型的中西史传的叙事功能会通。如共谋安民之策,"余谓弭兵一说,至今虽未见端倪……倘各国能如孔子之所谓去兵者,则不特含哺鼓腹之民共相安于无事,即裁减之兵费亦岂有涯涘哉"。④ 又如呼吁养民之道,"吾愿英人垂念农人之苦,而别筹良法以抑田租……斯善矣"。⑤ 再如期冀教民之本,"深叹向善之鲜……深喜向善之多,尤愿有道富家乐为设法,以救贫而多难之黎元,吾知人杰地灵,当无有靡然不振之气象矣"。⑥

"知人得时"会通"平铺直叙"。"知人"和"得时"是中国传统史学叙事的两个重要概念⑦,凸显英雄造时势,历史人物是叙事的核心,时代兴亡和朝代更替取决于关键人物的强弱,无怪乎《史记》中有那么多的本纪、世家和列传,而叙事时间的选择及顺序的构建既是历史事件的实在呈现,也包含着成败因由。西方史学叙事方式却大相径庭,重视平铺直

① 杜维运:《中国史学与西方史学之分歧》,载《学术月刊》,2008 年第 1 期。
② 章学诚:《文史通义》(第三卷),上海:上海书店出版社 1988 年版,第 47 页。
③ 麦肯齐著,李提摩太、蔡尔康译,马军点校:《泰西新史揽要》,上海:上海书店出版社 2002 年版,第 1 页。
④ 麦肯齐著,李提摩太、蔡尔康译,马军点校:《泰西新史揽要》,上海:上海书店出版社 2002 年版,第 141 页。
⑤ 麦肯齐著,李提摩太、蔡尔康译,马军点校:《泰西新史揽要》,上海:上海书店出版社 2002 年版,第 167 页。
⑥ 麦肯齐著,李提摩太、蔡尔康译,马军点校:《泰西新史揽要》,上海:上海书店出版社 2002 年版,第 183 页。
⑦ 浦安迪:《中国叙事学》,北京:北京大学出版社 1996 年版,第 18 页。

叙的客观叙事,拒绝读者对于起承转合的情节性期待,历史人物往往湮没在叙事背后。《泰西新史揽要》在保存原作基本史实的基础上,对历史人物做了诸多善恶强弱的个性化改写,胜者多是深思熟虑而势如破竹,败者不免才疏智陋而溃不成军。如在法奥战争中,英军主帅惠灵吞(后译威灵顿)"运筹帷幄……统兵尝敌……率师御之……旋鼓行而前屈……步步进攻……出奇制胜"[①],故事情节跌宕起伏,引人入胜,英雄形象活灵活现,栩栩如生,译者的颂扬追捧之情溢于言表。与之形成对比的是,法军"反至大困,不得不急谋退兵……步步退守……永无前进之事"[②],贬损之夸张不言而喻。在此战的后续描述中,惠灵吞率英军"历一年有余之久,追奔逐北……进屯西班牙、葡萄牙之边界……竟夺炮台三座而据之……追至沙拉蛮克……小憩数日……随振旅直入西班牙之京城"[③]。这里译者重新设置了原文的叙事时间和顺序,添加了"历一年有余之久,追奔逐北",将单纯的时间陈述(several days later)改写成隐含胜利因由的"小憩数日",叙事前后的紧密照应有利于促成所需的叙事效果,也赋予叙事之"时"的预设内涵,由此让读者容易想象到一幅波澜壮阔的历史画面:英军由南往北,征战一年多,进据沙拉蛮克,在此休整数日,养精蓄锐,之后一鼓作气攻克马德里。

---

① 麦肯齐著,李提摩太、蔡尔康译,马军点校:《泰西新史揽要》,上海:上海书店出版社2002年版,第35—36页。

② 麦肯齐著,李提摩太、蔡尔康译,马军点校:《泰西新史揽要》,上海:上海书店出版社2002年版,第36页。

③ 麦肯齐著,李提摩太、蔡尔康译,马军点校:《泰西新史揽要》,上海:上海书店出版社2002年版,第36页。

第五章　李提摩太西学著译的影响评价

　　晚清中国在政治、经济、文化等方面已经落后于西方,愚昧无知致使整个社会衰败凋敝,李提摩太早期对基础自然科学和世界史地知识的著译介绍,有益于时人"睁眼看世界"。他在批判中国封建文化糟粕的同时,在西学中探寻富国强民之策和未来文化出路,众多谏言建议、变法主张和改革方案具有时代性、先进性和前瞻性,呼应了晚清经世致用思潮、维新思想和人文意识,启迪民智,弘扬民德,关注民生。另一方面,李提摩太作为传教士,是伴随着殖民扩张和军事侵略而来的,"以学辅教"只是策略,传教才是根本,受此著译目的约束,李提摩太的著译选材多属宗教、政治、史地等,极少有无神论哲学和文学方面的著译,很大程度上存在宗教化误释和殖民化误导,而中西合译方式也使一些信息内容在理解和传递过程中发生偏差。另外基督教义与中国传统文化思想存在众多差异,致使众多国人因厌恶西教而迁怒于西学,一些作为著译接受客体的士大夫和知识分子能积极回应西学,但还是有很大的群体囿于科举制度、夷夏之防、体用之辩等而极力排斥西学。

第一节　西学著译的进步性

一、传播科学知识

李提摩太西学著译最基本的作用是对科学知识本身的译介传播。中国封建社会长期夜郎自大,闭关锁国,只讲义理,不重技艺,到晚清时期已全面落后于西方,此时从西学中汲取新鲜血液便成为晚清危局中的时代需求。李提摩太等众多传教士的西学著译可谓是应时而生,也是雪中送炭,能够帮助国人睁眼看世界而闭目思未来。除上文提及李提摩太初到山西时通过实验与讲座的形式介绍自然科学知识外,他在甲午战争以前还著译了数本介绍世界史地方面知识的书籍。

《八星之一总论》初刊于《万国公报》1892 年 11 月第 46 册和 12 月第 47 册,介绍的知识包含太阳系的天体组成、行星大小、运行轨道、地球形状、五大洲五大洋概况①、世界人种、生物与日照关系等,开阔了时人视野。《大国次第考》初刊于《万国公报》1893 年 7 月第 54 册,缕列了天下三十余国的人口、幅员、粮赋、贸易、学校等方面的统计数字,以及各国所排的名次,如中国当时人口第一、面积第三,而贸易、粮赋等却排在倒数第三,对警醒国人意义重大。《三十一国志要》初刊于《万国公报》1893 年 9 月第 56 册至 1894 年 1 月第 60 册,后由广学会发行单行本,改名《天下五洲各大国志要》,列述了英国、法国、美国、俄国、德国、日本、印度、中国、巴西、奥地利、意大利、西班牙、澳大利亚、土耳其、荷兰、比利时、埃及、葡萄牙、加拿大、瑞典、银国(阿根廷)、墨西哥、南非洲、安南、希腊、瑞士、丹麦、暹罗(泰国)、吕宋(菲律宾)、波斯和高丽等国的历史、疆域、面积、人口、物产、宗教诸情况,书末还列述有益于民之事诸如道德、律法、

---

① 19 世纪时人们错误地认为南极和北极一样也是海洋。

学问、军法、新学、报馆、传教、机器、邮政、航海、格物、火轮机、铁路、轮船、电报、德律风(电话)、电学、通商等,有利于国人了解世界格局和时代发展潮流。

除上文第四章论述的涉及政治、经济和文化教育三大主题方面的著译作品外,李提摩太在甲午战后的代表性著译作品还有《农学新法》和《英国议事章程》,前者是译述作品,属于自然科学,后者是编著作品,属于社会科学。

《农学新法》原文是英国传教士贝德礼①在广学会"五洲利国利民新法"主题征文中的英文作品,后由李提摩太和蔡尔康译述并刊印于《万国公报》1893 年 5 月第 52 册。书中疾呼"中国地虽大而人甚稠,农学实为最要化学,即万不可抛荒"②,着重介绍农业科普知识:

> 其命意之所在,厥有五端:一、令人知地土、花草、树木、走兽及肥壅诸物,与夫空气等类,系何种原质配合而成。一、令人知各种草木皆自有相宜之地土,其相宜之地土原质若何。一、令人知肥壅诸物之原质,以补益地土之原质。一、令人知何种草木于喂食畜类最属相宜。一、令人知热知光,知一切事宜之关系于苗物者。③

《农学新法》强调农业增产的关键有四要:一曰察土性,即了解土壤特质;二曰分原质,即了解化肥作用;三曰浇壅之法,即掌握灌溉和田间管理等;四曰权壅田,即注重不同农作物与化肥的搭配需求。文章还特

---

① 贝德礼的外文姓名和生卒年份不详,国籍说法不一。梁启超辑《西政丛书》(光绪 23 年石印本)中《农学新法》署名为"(英国)贝德礼撰,(英国)李提摩太译,(清)铸铁生述",但《寿县志》(1996 年版第 886 页)记载"教士贝德礼,德人,间有施医",而李学勤等编《四库大辞典》介绍《农学新法》时则言"泰西贝德礼撰,英国李提摩太译,泰西贝德礼,国籍、生平均不详",本文采用梁启超之说。

② 贝德礼著,李提摩太译:《农学新法》,载《万国公报》第 52 册,台北:华文书局 1968 年影印合订本,第 21 本第 13603 页。

③ 贝德礼著,李提摩太译:《农学新法》,载《万国公报》第 52 册,台北:华文书局 1968 年影印合订本,第 21 本第 13596－13597 页。

意介绍了化肥中氧、氢、氮、碳、硅、硫、磷、氯、钾、钠、钙、镁、铝、铁、锰、碘、氟等元素的特性与作用等,并举大量例子说明"农学化学之法",介绍不同土壤不同作物在施肥情况下可以增产多少,以及农民可以增银多少,形塑了时人对农学、农人、农政的新印象。

《英国议事章程》原名 *The Chairman's Hand Book*,作者是 Sir Regenal Palgrave K. C. B.。1899 年李提摩太将之译述成中文并由广学会出版,署名"李提摩太口译,葭苍室主笔述",主要介绍以英国议会为代表的各种议事机构的组织活动规则。全书除弁言和附译美国议事次序章程外,共十四章;第一章"举会首",介绍了议(会)长的产生办法;第二章"总论会首分内之事",介绍议(会)长的工作职责,"分内之大端,系总管会友议论,不得杂乱"[①];第三章"续论会首分内之事",介绍议(会)长任期、选举议(会)长的三原则、议事记录、未先知会十原则、先期知会四原则以及休会原则等;第四章"议论端",介绍各会议事程序;第五章"选端规矩",介绍口头表决和举手表决方式;第六章"改端",介绍提案修改原则;第七章"改端加减字章程",介绍提议案修改类别;第八章"改端之改端行选章程",举例介绍修正案再次修改的两种方法;第九章"寻常次序先选改端后选原端",介绍修正案表决的程序;第十章"散堂",介绍议事机构休会和解散原则;第十一章"收回原端",介绍撤销提案的程序;第十二章"委酌会章程",介绍办理专项事务的各种委员会;第十三章"办法章程表",介绍议事程序和纪律制度;第十四章"举会首三则",再次强调议(会)长的作用及其产生的三原则。李提摩太在戊戌变法失败后即将《英国议事章程》译述成中文,主观上自是继续鼓吹君主立宪制,甚至为维新派鸣冤叫屈,但客观上介绍了西方议会民主制的相关文化知识,尤其是三权分立、主权在民的理论思想,给国人输入了自由、民主、平等、博爱的近代人文精神。

---

① 李提摩太口译,葭苍室主笔述:《英国议事章程》,广学会 1899 年,第 2 页。

二、探索"救国良策"

李提摩太西学著译最重要的价值是对"救国良策"的探索。晚清中国内忧外患,国势日蹙,陷入深重的民族危机和阶级危机之中。不管是出于信仰的真实虔诚,还是出于传教的迂回需要,李提摩太从踏入中国土地的那一刻起,就对水深火热中的穷苦民众宿怀同情怜悯之心,进而不断探索他内心的"救国良策"。从早期与以李鸿章、张之洞为代表的洋务派的交往,到中期与以康有为、梁启超为代表的维新派的合作,再到后来与以孙中山为代表的革命派的分歧,李提摩太都为晚清中国的保种合群以及富国强民苦思冥想并奋笔疾书,其中贡献最大的还是他对维新变法的积极宣扬和躬亲力行,只可惜变法运动遭到顽固派的扼杀而功亏一篑。

李提摩太主持的广学会一向宣传西学,他自己更是笔耕不辍,著译了大量西学作品,强调新学,主张变法,因而在维新人士中享有崇高威望,成为"吾人维新运动一位良师"[1]。在维新派推选编辑的《皇朝经世文新编》收录的 615 篇文章中,传教士的文论就达 178 篇,其中李提摩太的文章 36 篇,仅次于康有为的 38 篇,足以可见,李提摩太确实算得上是维新派的导师。

史学家范文澜在论述广学会时也认为,来华传教士用"汉文字著书介绍西学,改变了一部分士大夫轻视异教的成见。会中出书范围广泛,外国历史及办学新法影响尤大。如《泰西新史揽要》(李提摩太译)、《列国变通兴盛记》(李提摩太著,记俄国彼得、日本明治事特详)、《七国新学备要》(李提摩太著,又名《速兴新学条例》)等书给中国维新派议论变法的根据"[2]。康有为、梁启超等人早期并没有出洋留学,他们的维新思想

---

[1]　苏慧廉著,梅益盛、周云路译:《李提摩太传》,广学会 1924 年,第 99 页。

[2]　范文澜:《中国近代史》上册,北京:人民出版社 1962 年版,第 296 页。范先生说《七国新学备要》又名《速兴新学条例》是不准确的,其实如本文所述,后者是李提摩太在前者的基础上所撰写的另一长文。

确实来自李提摩太及其他传教士的西学著译。"康初讲学于长兴里,号长兴学舍,好浏览西学译本,凡上海广学会出版之书报,莫不尽量购取。"①康有为自己也坦言他的维新思想主要归功于两位传教士——李提摩太牧师和林乐知牧师的著作。② 李提摩太曾在写给妻子的信中提及第一次与康有为的会面:"我吃惊地发现,我曾提出的各项建议几乎都被糅进了请愿书中,并被浓缩在一个绝妙的小小'指南针'中。无怪乎他来拜访我,因为我们有这么多共同观点。"③梁启超在 1895 年间曾担任过李提摩太的中文秘书,深受后者影响,李提摩太回忆说,"改革俱乐部的成员当中,有一位年龄二十八岁左右的年轻人,是康有为最有才气的学生,他的名字叫梁启超。听说我需要一位秘书,他自告奋勇,表示愿意服务。在我居北京期间,他一直协助我工作。"④1895 年 8 月 17 日,康有为、陈炽创办了维新派第一份报刊,梁启超、麦孟华担任编辑,报名与广学会会刊《万国公报》一致,除袭用其名以利推广外,更多还是出于相同的出版目的、办刊宗旨和登载内容。李提摩太多次被强学会邀请参加聚会,和维新派一起讨论如何推进改革,蔡尔康曾回忆说,"时则广学会督办李提摩太方自沪上走京师,日以新学为益,遍告达官贵人,诸君皆乐与之游,聆听其议论,靡不倾倒。"⑤

李提摩太利用自己特殊的身份,斡旋于"后党"、"帝党"、地方势力派和外国人之间,积极争取各派对维新运动的支持。1895 年 10 月 12 日,李提摩太会见"帝师"翁同龢,提出"对中国来说生死攸关的四项要求:教

① 冯自由:《革命逸史》初集,北京:中华书局 1981 年版,第 47 页。
② (美)杰西·卢茨著,曾钜生译:《中国教会大学史》,杭州:浙江教育出版社 1988 年版,第 45 页。
③ 苏慧廉著、关志远等译:《李提摩太在中国》,桂林:广西师范大学出版社 2007 年版,第 205 页。
④ 李提摩太著,李宪堂、侯林莉译:《亲历晚清四十五年——李提摩太在华回忆录》,天津:天津人民出版社 2005 年版,第 234-235 页。
⑤ 林乐知著译、蔡尔康编纂:《中东战纪本末》,台北:文海出版社 1980 年版,第 902 页。

育改革、经济改革、国内安定与国际和平、精神更新"①,为贯彻这些改革措施,他进而建议:

(1) 皇帝聘请两位外国顾问。

(2) 由八位大臣组成内阁,其中满人和汉人占一半,通晓世界大势的外国人占一半。

(3) 立即进行货币改革,奠定坚实的财政基础。

(4) 立即兴建铁路,开采矿山,开办工厂。

(5) 成立教育委员会,在全国广泛引进西方现代学校及专门学院。

(6) 成立通讯社,由外国有经验的新闻工作者培训中国的编辑记者,启蒙社会大众。

(7) 为保卫国家安全,训练足够的新式陆海军。②

这些建议经由翁同龢奏报皇帝,而光绪此前已御览过另一帝师孙家鼐推荐的《泰西新史揽要》,早已耳闻李提摩太及其变法主张,因此立即批准了这次的建议。在维新派的强烈诉求和李提摩太的积极鼓动下,光绪帝坚定了变法革新的决定,加快了实施变法的步伐,终于在 1898 年 6 月 11 日(光绪二十四年四月二十三日)颁布"明定国是"诏书,正式宣布变法。

由于种种原因,戊戌变法最终失败了,但维新意识已深入人心,动摇了保守派的统治基础,催生了清末新政和预备立宪。戊戌变法的历史进步作用毋庸置疑,发动这场运动的维新派和光绪帝也被史学界基本肯定,作为这场运动推动者的李提摩太等传教士的功绩也就不应被抹杀。

---

① 李提摩太著,李宪堂、侯林莉译:《亲历晚清四十五年——李提摩太在华回忆录》,天津:天津人民出版社 2005 年版,第 237 页。

② 李提摩太著,李宪堂、侯林莉译:《亲历晚清四十五年——李提摩太在华回忆录》,天津:天津人民出版社 2005 年版,第 237 页。其中第一条建议中的"两位外国顾问"即李提摩太和伊藤博文。

三、催生近代文化思潮

李提摩太西学著译最隐性的意义是作为晚清来华传教士西学传播的重要组成部分，催生了近代中国文化思潮。文化思潮作为特定时间和特定环境下的社会思想倾向，是由众多个体汇聚而成的时代洪流，是一个丰富而复杂的系统，因此需要将李提摩太放在传教士群体中整体探讨西学著译对近代文化思潮的影响。晚清传教士"以学辅教"的文化适应路线涵养了近代进步知识分子和开明士绅，"自 19 世纪以来，凡承西洋教士之直接熏陶与文字启示之中国官绅，多能感悟领会而酝酿觉醒思想"。① 西学著译掀起了国人学习西方的热潮和审视传统文化的意识，推动了"中体西用"文化观的发展，甚至酝酿了 20 世纪早期新文化运动的萌芽。

明清以降出现的"源流之辩"到晚清时已逐渐淡出市场，取而代之的是"体用之说"。先期冯桂芬、王韬、薛福成、郑观应等人先后有过类似"中体西用"表述，他们都与传教士有过交集，深受西学熏陶，对中西文化的利弊损益有着较客观的认识。最早确切使用该提法的是沈毓桂，他于 1895 年在《救时策》中写道："夫中西学问，本自互有得失，为华人计，宜以中学为体，西学为用。"②沈毓桂长期就职于《万国公报》，曾是该报实际上的中文主编，在李提摩太领导下工作，也是李提摩太部分西学著译的合作者，他的体用之说无疑受到李提摩太及其著译的影响。"中体西用"是洋务派的指导思想，而正是张之洞在 1898 年的《劝学篇》中对"中体西用"进行了系统阐述："新旧兼学，四书五经、中国史事、政书、地图为旧学；西政、西艺、西史为新学。旧学为体，新学为用。"③最初的体用观是在确保中国传统"理教"的前提下学习西方自然科学之"技艺"，19 世纪末期随着

---

① 林治平编：《近代中国与基督教论文集·序言》，台北：宇宙光出版社 1989 年版。
② 沈桂毓：《救时策》，载《万国公报》第 75 册，台北：华文书局 1968 年影印合订本，第 24 本第 15126 页。
③ 张之洞：《劝学篇》，光绪二十四(1898)年铅印本。

时局变化以及传教士西学著译主题转向,张之洞将"西用"扩展至"西政"。张之洞自光绪八年在山西巡抚任上就结识了李提摩太,两人私交甚密,作为洋务派重臣,张之洞拥护晚清政府,同时又有开明的时局意识,长期资助广学会和强学会,积极支持维新变法,推进了"中体西用"观的诠释和应用。京师大学堂成立时,梁启超拟定的《京师大学堂章程》明确将"中体西用"作为教学指导方针,孙家鼐也多次邀请李提摩太担任京师大学堂的西学总教习,而孙家鼐作为帝师,早前就熟知李提摩太并向光绪帝推介过李提摩太的诸多西学著译,甚至长期陪读学习。[①] 由此可见,中国进步知识分子和开明士大夫对"中体西用"观的阐释和运用背后,都有李提摩太等众多传教士的身影。"中体西用"观是一种文化保守主义,既有别于试图以儒学一统天下的顽固主义,也有别于后来醉心于全盘西化的激进主义,客观上肯定了一个事实:仅靠以儒学为核心的传统文化已无法自立图强,引进西方文化是时代所需。

由于庚子国难的精神打击和废除科举的辐射影响,国人仅存的传统文化自信逐步崩塌,优胜劣汰的道理不断演变为一股崇尚西学的潮流。繁多的西方教育理念、哲学思想和文化思潮等社会科学传入中国,如李提摩太在《大同学》(英国基德原著)中介绍了马克思主义,在《性理学列传》(美国浦㭊原著)中介绍了康德、黑格尔等哲学家,西学著译出现"无组织,无选择,本末不具,派别不明,惟以多为贵"[②]等诸多弊病。时至辛亥革命推翻清王朝,中国仍处于内有混战外有新辱的局面,新一代知识分子认识到思想文化落后才是阻碍中国进步的根本桎梏,为此他们高举民主和科学旗帜,开展了轰轰烈烈的"反传统、反孔教、反文言"的新文化运动。新文化运动吁求的近代民主和科学自是最早由传教士输入中国,而"三反"主张与传教士西学著译的主题内容和语言特征也是一脉相承。新文化运动的贬中扬西自有偏激之处,但对当时国民思想洗礼的进步作

① 苏慧廉著,关志远等译:《李提摩太在中国》,桂林:广西师范大学出版社2007年版,208页。

② 梁启超著,夏晓虹点校:《清代学术概论》,北京:中国人民大学出版社2004年版,第218页。

用不容置疑。总而言之,近代中国文化思潮的变迁,先是由传教士引进西学,然后才是国人选择性接纳西学并改造传统中学,最后融合形成新文化。

第二节　西学著译的局限性

一、西学著译中的宗教化误释

李提摩太的"正统"身份是传教士,教化中国自然是他来华的根本目的,"以学辅教"只是当初传教遇到挫折时为适应晚清社会形势而采取的迂回策略,试图借此改变中国因循守旧固拒西方的状态,从而为传教事业创造有利的外部环境。如上文所述,李提摩太早期在山西曾以实验和演讲形式介绍西方科学常识,但同时在日记里对传教的目的直言不讳:

> 在每一次演讲中,我都指出上帝是如何赋予了人类无限的权利,以利用自然的伟大力量,倘若对此茫然无知,则只能像劳工和奴隶那样生活。……每天困扰我的最大问题是:如何引导他们从学习这些自然知识中领会到上帝的力量,尽我们所能来展示世间所有美好的一切,甚至包括我们的身体都是上帝赐予我们的。[1]

李提摩太著译发表过众多专论宗教的作品,据笔者核查,他在《万国公报》上署名发表的第一篇文章是 1875 年 9 月第 353 卷上的《耶稣教士写书信给中国行善之家》,向中国推介基督教义,他在《万国公报》上发表的最后一篇文章是 1906 年 12 月第 215 册上的《仇教会即仇中国论》,更是将中国和基督教捆绑在一起误导民意,在其他著译作品中,李提摩太也在有意无意中进行宗教化误释。

李提摩太在《泰西新史揽要》译本序中先是历陈中国落后之根源,然

---

[1]　转引自苏慧廉著,关志远等译:《李提摩太在中国》,桂林:广西师范大学出版社 2007 年版,第 116 页。

后说"犹幸尚明敏之才,深知中国近年不体天心,不和异国,不敬善人,实有取败之理,因冀幡然尽改其谬误,凡华人所未知者,明于事理、敏于因应之才,深思而博考之"①,其中之一即为"今日治国之道仅有三大端:泰西各国救世教一也,中国儒教二也,土耳其等国回教三也。而宰治之最广者实推救世教,故五大洲各国共合男女一千五百兆人,受治于救世教者九百余兆"②,明显有意向晚清中国推荐基督教作为所谓的治国良药。在译本正文中,李提摩太也是用心良苦地进行宗教化改写。如第三卷介绍奥匈帝国时说,"奥地利阿国、普鲁士国迭为雄长,有时奥王更僭称为皇帝之尊,以辖治日耳曼,自言其权势位望皆罗马教皇之所给予,遇有战事可檄召诸小国抽调额兵以为臂助"。③

> There were also the great Austrian and Prussian monarchies. Over this constituency the King of Austria exercised the authority of emperor, representing in a shadowy way the old Caesars, whose dignityies he was supposed to have inherited. Each of the petty states might be required to contribute troops for the defence of the empire.④

原作中奥王以古罗马凯撒继承人自居,但李提摩太译述时却将凯撒变成了教皇而致君权神授,无疑将教皇凌驾于一国君主之上,强调基督教的权威性,进而方便在华拓展传教事业。又如第十卷"教化广行",原作标题仅为 Christian Missions,只是对基督教的简单介绍,译作则竭尽丰沛华丽之辞藻,洋洋洒洒近六千字,对基督教的吹捧颂扬之意溢于言表。

---

① 麦肯齐著,李提摩太、蔡尔康译,马军点校:《泰西新史揽要·译本序》,上海:上海书店出版社 2002 年版,第 1—2 页。

② 麦肯齐著,李提摩太、蔡尔康译,马军点校:《泰西新史揽要·译本序》,上海:上海书店出版社 2002 年版,第 2 页。

③ 麦肯齐著,李提摩太、蔡尔康译,马军点校:《泰西新史揽要·译本序》,上海:上海书店出版社 2002 年版,第 47 页。

④ *The Nineteenth Century* by Robert Mackenzie, copy version from library of University of Toronto, p. 65.

其中原作第一段仅一百八十个单词,译作长达三百三十余字,并加节名"教化之贵":

> 亘古以来变化世界之大经大法,惟有广行教术斯为无上上等,欧洲历代虽已设教,乃至此百年间而更臻极盛……既命传教于万国,虽拜神者人多于鲫,随在宜剀,劝该归天地之主宰以了仔肩是以之数人束装而出,心念万国中人,虽有或信、或不信之殊,而终必有相率归依主宰之一日。嘻!似此绝无仅有之宏愿,岂近百年来诸大事所能比拟哉?夫以上天之心种于人心,此真教会绝大事业也,外此即有化民成俗之良法,举不能望期项背,况乎积年累载果能奉行不倦,世界获无穷之益,尚非目前之所可比乎。①

译作随后以檀香山为例,称该岛居民原先"竟举洞天福地之胜境,畀披毛带尾之蠢奴……而其最毒之俗,不论子女仅三人而留其一,其更有所生者孩甫堕地即扼而死之,或生埋之,此男女之恶劣也",而在传教士来之后,则全岛面貌焕然一新,"造礼拜堂、设学塾,知无不为,为无不尽,向来恶俗,曾几何时,而全岛之人皆入道矣……于是治国之法胥定,即教人之法亦定。各地皆立教堂、学塾,悉仿泰西诸国章程,甚至泰西新法不许他人仿造之禁亦复援照办理,则其他可知矣"。② 李提摩太极力夸大传教士的作用,将社会进步完全归功于基督教,这明显在误导晚清中国抛弃传统儒家文化,幻想教化国人全面投入基督的怀抱。

另一译著《百年一觉》中的宗教化误读有过之而无不及。原著的第一章描写 19 世纪后期资本主义发展带来劳资冲突等社会矛盾,在此基础上阐述以社会主义模式改造社会的乌托邦理想,但李提摩太译述时则是从基督教思想解读社会矛盾,存在明显的误读:"岂知上帝生人,本属

---

① 麦肯齐著,李提摩太、蔡尔康译,马军点校:《泰西新史揽要》,上海:上海书店出版社 2002 年版,第 168 页。

② 麦肯齐著,李提摩太、蔡尔康译,马军点校:《泰西新史揽要》,上海:上海书店出版社 2002 年版,第 172—174 页。

一体,贫者富者皆胞与也,何至富者自高位置,而于贫者毫无顾惜,岂所谓大同之世哉?"①

> It must in truth be admitted that the main effect of the spectacle of the misery of the toilers at the rope was to enhance the the passengers' sense of the value of their seats upon the coach, and to cause them to hold on to them more desperately than before. If the passengers could only have felt assured that neither they nor their friends would ever fall from the top, it is probable that, beyond contributing to the funds for liniments and bandages, they would have troubled themselves extremely little about those who dragged the coach. I am well aware that this will appear to men and women of the twentieth century an incredible inhumanity.②

又如原著结尾讲述主人公伟斯德为过去生活在一个黑暗社会而感到羞耻,同时为现在能生活在一个美好社会而感到荣幸。作者借此说明每个人都可以通过改变自己来适应和享受美好的新生活,从而增强人们对未来乌托邦社会的向往和信心。而李提摩太在译述时除了添加"诸苦必救"标题外,还大幅度改写了原作情节:

> 仪狄问伟曰:"何愁也?"伟答曰:"适才在外面看世上穷苦,全似钉十字架一般,尔若留心倾听,亦可听出外面穷人之苦来。上天向下看,实怜此等人,欲想法救之。我等竟不关念,只为饮食快乐而已,如何算上帝儿女?此正是难对天对人之处,我是以难过也。"……从前一些苦况已过,贫民现已均富矣,想至此,乃跪而感谢上主,成全救世大事。……论理自己原不配住此好世界,于是又跪祷于上帝前认罪,又矢愿曰:若使我活在此好世界,自此以后,不敢仍似从前,但为自己

---

① 爱德华·贝拉米著,李提摩太、蔡尔康译:《百年一觉》,上海:广学会1894年,第1页。
② *Looking Backward 2000 - 1887* by Edward Bellamy, Project Gutenberg Canada eBook, http://www.gutenberg.org/files/25439-h.

计，总欲为众人计。祷毕，立起，见仪狄采花而来，遂告之曰："我前既未曾为救世操心，今世原不称在此世界住，但我已对天矢愿，自此以后，要全改变此心，亦欲利济众人也。"仪狄曰："上帝是最慈悲者，既已悔过前罪，谅必赦也。"于是伟斯德心始安。①

I sat in silence until Edith began to rally me upon my somber looks. What ailed me? The others presently joined in the playful assault, and I became a target for quips and jests.

Where had I been, and what had I seen to make such a dull fellow of me?

……

When at length I raised my bowed head and looked forth from the window, Edith, fresh as the morning, had come to the garden and was gathering flowers. I hastened to descend to her. Kneeling before her, with my face in the dust, I confessed with tears how little was my worth to breathe the air of this golden century, and how infinitely less to wear upon my breast its consummate flower. Fortunate is he who, with a case so desperate as mine, finds a judge so merciful. ②

原作最后一段中伟斯德跪拜在仪狄面前，一方面感谢仪狄答应嫁给他，另一方面表达对过去生活的内疚，而译作中则改为跪拜上帝，另外原作中仪狄并未出声，译本则设计了她和伟斯德之间的对话情景，发表一通赞美上帝普度众生的话，这些改写无疑刻意传递上帝救世的信仰，将上帝变成社会变革和发展的原动力，从而改变了原作的叙事主题。

二、西学著译中的殖民化误导

由于在华传教士的特殊身份，李提摩太与各级官员交往甚多，他借

---

① 爱德华·贝拉米著，李提摩太、蔡尔康译：《百年一觉》，上海：广学会1894年，第20—21页。

② *Looking Backward 2000 - 1887* by Edward Bellamy, Project Gutenberg Canada eBook, http://www.gutenberg.org/files/25439-h.

机参与中国的政治与外交,成为晚清政坛上的活跃政客。但是让人大跌眼镜的是,他总是试图对西方列强的侵华战争予以辩护或文过饰非,至多也只是轻描淡写地稍加谴责或一带而过,而将责任主要推至中国一方,似乎训诫时人落后就该挨打,并且在众多著译中极力主张中国聘西人、立和约、联外邦,而不惜牺牲国家和民族利益,带有明显的殖民主义烙印。

在《时事新论》卷八"新学篇"的《推广圣贤博学说》一文中,他声称印度被英国统治后,"不数年而俗为之一变,国为之一新,现皆翕然知讲五洲之要务,为自立之始基矣"。[①] 这是明显的粉饰殖民侵略,言外之意自是希望中国向印度看齐,以印度为榜样,与英国建立"特殊关系",流露出强烈的殖民意识。其实在同时期所著《列国变通兴盛记》《三十一国志》和《泰西新史揽要》等书中,李提摩太传递的都是一样的思想理念,那就是若求兴盛富强就得改革变法,这本身自是无可厚非,但他的后一句潜台词却是改革变法就得妥协让步,不仅要效仿西方列强,更要向西方输出利益,接受西方的监管。

甲午战事正酣时,李提摩太曾于 1895 年 2 月 5 日到南京会见张之洞,又唆使中国罢兵求和,他妄称:"日本则兼存裨助华民之心。盖其于三十年之间,酷意揣摩西法,起视斯民,不但户口之繁庶已也,又益之以既富且强,遂欲举其所得之法,传诸朝鲜,以及乎东三省之民。"[②]他居然把日本的侵略说成是想以所学"西法""裨助华民",这种逻辑简直是颠倒黑白。随后他又于 2 月 29 日向李鸿章发电进言,建议中国为挽回战争颓势,必须与英国结盟以求庇护:

> 为酌拟华英相助之约,救目前兼救将来,无一损而有百益事:一曰订立华英互助密约,英许护华不再失地,异日英或与他国失和,华亦允助英。二曰华整饬水师、陆军、学校、赋税,英许同心襄议,改归

---

① 李提摩太:《时事新论·卷八》,上海广学会铸板,1894 年,第 11 页。

② 转引自李时岳:《李提摩太》,北京:中华书局 1964 年版,第 64 页。

至善,又许遴荐妥实干员,助臻郅治。三曰华许英择要代筑铁路,开
五金矿、煤矿,立工程厂,期以二十年,英许华按廉价购归自便。四曰
华许有益通商者,如增口岸、核税厘之类,彼此从长熟计。①

不难看出,李提摩太大放厥词的所谓"救国妙法",就是要把中国置
于英国的监管之下,成为英国的保护国,以扩大英国在华权益,这是赤裸
裸的殖民误导。他甚至还"索酬银百万",表示结盟"不成不取",此举还
带有敲诈意味,因此时对日投降已成定局,此"妙法"也就不了了之。

在甲午战败后的 10 月 23 日(光绪二十一年九月二十一日),他又向
清廷上书《新政策》一文,极力为西方列强挑起的一系列战争辩护。他在
序言中声称:

> 今日万国大通,天之道也,仍欲闭关绝市者,逆天者也。此时中
> 国情形,按方里人数地狭人稠,加倍于当日之英国,而咸丰以前,沿习
> 旧法,杜绝外人,致有失和之事。幸赖皇太后圣明,主持于上,恭亲王
> 及各大臣洞达外情,承流宣化于下,和议既定,商埠乃开,内乱旋平,
> 外交亦固。……不意癸未甲申以后,忽有人持主战之议,广征船炮,
> 增置甲兵,冀以一战张威,复嘉道以前之旧制,杀机所召,遂有好战之
> 法国乘之,复有习战之日本继之,弃好从仇,竟酿去年之祸。故战之
> 一字,上逆天心,下逆人心,亦决非皇太后恭亲王当日讲信修睦协和
> 万国之心,不过二三愚人,不学泰西养民之妙法,只讲西国枪炮之势
> 力,欲以挑衅兴戎,取功名如反掌耳。②

两次鸦片战争给中国带来深重灾难,其缘由无疑主要是西方资本主
义发展过程中的贸易扩张和殖民掠夺,然而在李提摩太看来,其责任完
全在晚清政府不识时务的闭关锁国。他认为殖民者的炮舰不是侵略的

---

① 李提摩太:《西铎》,上海:广学会 1895 年,第 25 页。
② 李提摩太:《新政策》,载《万国公报》第 87 册,台北:华文书局 1968 年影印合订本,第 25
本第 15936 页。

凶器，而是中国走向富强的助推器，慈禧太后等人的卖国媾和行为也被誉为所谓圣明国政。针对甲午战争，李提摩太将主战派说成是好战愚人，将日本强加给中国的战争说成是中国的挑衅，着实让人奇怪。

如前所述，李提摩太在《新政策》中所提各法不乏切中时弊而切实可行的内容，很多建议也被维新派采纳甚至在清末新政中得以实施，但《新政策》过于强调借助外力才能实现变法图强，殖民企图色彩显而易见。"以外国人言中国事，在近代中国尚无广泛聘用洋客卿先例的情况下，《新政策》东也要聘请英美人，西也要聘请英美人，这就不能不让人怀疑其动机，是否要变中国为英美的殖民地。"①下面摘录李提摩太在《新政策》文末所列"中国目下应办之事，其目有九"，从中可一窥端倪：

一、宜延聘二位可信之西人，筹一良法，速兴天下大国立约联交，保十年太平之局。二、宜立新政部，以八人总管，半用华官，半用西人，其当用英美两国，因英美早经立约，虽复失和，绝不开战。三、中国地大物博，铁路实富强之本。应调西人某某到京考校，仍电请西国办理铁路第一有名之人，年约四十岁者，与之商办。四、某力强年富，心计最工，在新政部，应总管筹款借款各事。五、中国应暂请英人某某、美人某某，随时入见皇上，以西国各事详细奏陈。六、国家日报，关系安危，应请英人某某、美人某某，总管报事。七、学部为人才根本，应请德人某某、美人某某总之。八、战阵之事，素未深谙，应请专精此事之人，保荐人材，以备任使。九、以上各事，应请明发谕旨。②

若按此九条"新政"，英美两国就完全控制了中国的外交、内政、财政、交通、教育、文化、军事和国防，中国在经济上门户大开，听任疯狂掠夺，在政治上丧权辱国，成为名符其实的殖民地了。当然，他之所以断言

---

① 熊月之：《西学东渐与晚清社会》，北京：中国人民大学出版社 2010 年版，第 480 页。
② 李提摩太：《新政策》，载《万国公报》第 87 册，台北：华文书局 1968 年影印合订本，第 25 本第 15945－15946 页。

"此两国皆无忮心,皆不好战,最宜襄助中国"①,与当时晚清危局很有关系。甲午战后,帝国主义列强再次掀起瓜分中国的热潮,但这次以日、俄、德、法最为狠毒,英美相对收敛,这就给时人造成错觉,对英美两国产生幻想。康、梁对英美心存向往,谭嗣同甚至主张将内外蒙古、新疆、西藏、青海等"大而寒瘠之地"卖与英美,所得款银部分用于偿还对日赔款,部分用于变法所需,可见维新派都有如此的时代局限性,李提摩太宣扬此类言论在一定程度上也有可理解之处。

　　总之,李提摩太的西学著译有利于中国的觉醒与进步,但他屡次企图扩大西方权益,又是任何一个有爱国心的中国人不能接受的。李鸿章、张之洞、张荫桓等官员也能洞悉李提摩太的"用心良苦",并未完全听信他的"救国良策"。就连以李提摩太为师的维新派,在殖民化这个根本问题上也和他明确划开界限,强调惟有自强才是根本,如康有为曾撰写《波兰分灭记》告诫国人警惕殖民,梁启超也一度批评《列国变通兴盛记》说:"亡国之余而以为兴盛,于名太不顺矣。"②甚至赫德也曾讥讽过李提摩太,认为他试图"改造中国,更新它的机构制度,简言之,操纵它的政府的思想,是想得太美了"③。诚然,作为基督新教的代言人和西方文明的代理人,李提摩太的人生立场和价值取向都有先天限定性,他并无过多的自由选择,金无赤金,人无完人。

---

　　①　李提摩太:《新政策》,载《万国公报》第 87 册,台北:华文书局 1968 年影印合订本,第 25 本第 15945 页。

　　②　转引自李时岳:《李提摩太》,北京:中华书局 1964 年版,第 56 页。

　　③　赫德于 1895 年 12 月 8 日致金登干第 689 号函,转引自施宣圆、吴树扬:《李提摩太与戊戌变法》,《复旦学报》(社会科学版),1988 年第 4 期。

结　　论

在晚清中外势力大较量和中西文化大碰撞的过程中,基督新教传教士一直处于历史洪流的风口浪尖,李提摩太就是其中重要的一员,他在华生活工作 45 年,经历了饿殍遍野的丁戊奇荒、励精图治的洋务运动、悲壮凝重的甲午战争、命运多舛的百日维新、号称"扶清灭洋"的义和团运动以及波澜壮阔的辛亥革命,这也是中华民族充满屈辱和伤痛而又不屈不挠、奋力以求的近代历史的缩影。他一方面怀揣撒播福音的理想虔诚宣教,努力救灾,扶危助困,虔诚地从事着也许可以理解的本职使命,逐渐赢得底层百姓的信任,另一方面又积极参与世俗事务,著书立说,西学东渐,针砭时弊,顾问政局,宣传变法,办学育人,便由此结交了丁宝桢、曾国荃、李鸿章、张之洞、张荫桓、左宗棠、翁同龢、孙家鼐、奕䜣和奕劻等晚清重臣,也是康有为、梁启超和谭嗣同等人眼中的良师益友,甚至一度被光绪皇帝聘为国事顾问,也曾与孙中山多次晤面,可谓运筹朝野,纵横捭阖,客观上成为晚清社会历史进程和文化转型的催化剂。李提摩太的多重身份和丰富的工作阅历,使他成为晚清来华传教士中的标杆性人物,对他的研究既可管窥晚清来华传教士的整体生活状况,也可蠡测晚清社会变局的总体情形。

本书的结论具体如下:

一、晚清中国处于风雨摇摆的危局之中,维护中国数千年的传统封建制度和儒家文化中的陈腐观念逐渐见弃于人,保种救国、图富求强只能借助反映时代需求的新思想、新观念、新知识和新科技等所谓的西学,但是由于清朝长期的闭关锁国政策和夜郎自大情结以致昧于外情,早期西学的引进主角只能是来华的传教士,这是历史的必然选择。正是在这种社会历史背景下,李提摩太通过对中国社会状况的细心观察和深刻思考,笔耕不辍,针砭时弊,传播西学,宣传变法革新,为晚清危局下的救国图强建言献策。李提摩太著译颇丰,有精湛时文,有长篇宏论,以1894年甲午战争为界,前期以救灾治穷为主,侧重自然科学与经济方面,后期以改革创新为主,侧重政治外交和文化教育,其中影响力较大的编著作品有《近事要务》《七国新学备要》《中西四大政》《三十一国志要》《养民有法说》《列国变通兴盛记》《时事新论》《新政策》《西铎》《论生利分利之别》和《速兴新学条例》等,重要的译述作品有《农学新法》《百年一觉》《泰西新史揽要》《性理学列传》和《大同学》等,主要涉及政治维新思想、经济图强理念和教育改革意识三大主题,其影响至深至广,渗透到晚清社会变局的各个层面。

二、受自身科学文化知识和汉语语言能力的限制,李提摩太等传教士的西学著译基本都要借助华人的文笔润色,尤其是译述作品,多由西人口译达意,再由华人遣词造句,与李提摩太合作最多的是报人蔡尔康。这种"西译中述"模式初步解决了早期西学著译缺乏精通原语和译语专业译才的问题。但是,由于社会身份认同的差异,合译者不可避免在原文理解和意义转换过程中增添主观因素,有意无意地进行变通或改写,这既致使文本体现出中西语言文化的融合会通现象,也导致了误读、误解、误释、误译等语义失真现象。另一方面,传教士西学著译传播的新思想、新科技、新知识、新文化等给汉语带来了繁多的外来词,给汉语词汇输入了新鲜血液和丰富营养;同时,译入语复杂多变的欧化句式结构也增强了汉语语言表达的严谨性和逻辑性,无形中触动并引导国人自觉进行反文言和倡白话,促进了近代汉语体系的涵化嬗变和转型发展,甚至催生了后期"新文化运动"的萌芽。

三、李提摩太的"以学辅教"文化适应路线本质上是为了在中国顺利传教,教化是目的,西化是路径,受此目的影响,他的著译选材集中于宗教、政治、经济和教育文化,极少有文学、小说、诗歌等传统体裁。李提摩太主动适应中国社会文化,与中国各级官员的密切交往也产生了积极效果。他提出的诸多改革建议针对中国积弊,部分得以付诸晚清政府的改革实践,有利于中国的早期现代化,促进了中西文化交流。但由于李提摩太自视文明使者,存在文化优越感,过度宣扬甚至催促中国全盘接受他认定的西方文化,加上其所提建议也并不完全适用于晚清国情,部分建议还带有损害清政府利益的殖民色彩,引起了一些爱国士绅和知识分子的反感甚至抵制。传教士来华的本职工作是传播福音,而李提摩太在华结交官员、兴学办报、参与政局等活动,过多地涉及世俗事务,这是后世中国人所诟病之处,这也是近代来华传教士群体普遍面临的两难问题。从今天来看,李提摩太"以学辅教"的"教"并未如期开花结果,而"学"却喧宾夺主插柳成荫。尽管西学著译中的"救国良策"有宗教化误释和殖民化误导,但总体上更有旁观者清的合理洞悉,对晚清社会变革、历史进程和文化转型的影响较深,对中西文化交流的贡献巨大。今天评价李提摩太的历史地位不仅要考虑他行为的主观动机,更应考虑他行为的客观效果。因此,诚如熊月之所言:"称他为'大人'不妥当,称他为'鬼子'也不合适。山西人称他为'鬼子大人',如果理解为'鬼子＋大人',比较合乎实际。"①本书强调"鬼子"是修饰语,是次要身份,"大人"是核心词,是主要身份。

　　四、以李提摩太为代表的晚清传教士通过学术著译进行文化交流的是非得失,给今天的中西文化交流提供了借鉴和反思。人类社会是由多种文化组成的统一体,世界也由于多种文化的并存而丰富多彩,不同文化间的互动交流和会通融合促进了全球文化的共同发展和进步。但晚清中国屈辱的历史也清楚地告诉世人,如果一个国家不注重批判性传承本国传统文化,不积极对外传播本国优秀文化,而只是一味地被动接受外来文化,那么就会造成自身文化的沦陷。庆幸的是,中国文化呈现出巨大的开放性,消化和吸收了各种外来优秀文化,是世界上唯一从未中断过的古老文明。尽管近代以来中国有所衰落,但从来没有成为一个完

---

　　①　熊月之:《西学东渐与晚清社会》,北京:中国人民大学出版社 2010 年版,第 487 页。

全的殖民地。因此,中国存在着其他社会所缺失的文化复兴的潜力。中国正在崛起,它不单是经济的腾飞,也是文化的复兴,是传统文化价值观的现代化过程。这种文化应是对中国传统文化的去芜存菁,而不是机械反刍;这种文化应是对西方外来文化的兼收并蓄,但绝不是全盘西化。中西文化只有姹紫嫣红之别,没有高低优劣之分。文化走出去战略下大力发展海外孔子学院,既要有对中国文化的虔诚爱护之意,又要有对当地文化的敬畏尊重之心,文化传播是细水长流,不能急功近利。同时,中国进步知识分子宿怀忧国忧民之心,应该不断审视反省传统文化,坚持批判和传承的辩证统一,自强不息的时代旋律未变,文化复兴的理想抱负未变,知识分子的民族责任亦不曾改变。

总而言之,在晚清中国近百年时间里,在中西文化不断交流、冲突、会通与融合的过程中,基督教传教士都发挥了无以替代的作用,他们怀着虔诚的宗教热情浮槎东来,不辞劳苦地来往于穷乡僻壤,奔走在大街小巷,出入于华屋高堂,周旋于三教九流,渗透进中国民众生活的方方面面。在近代中国波澜壮阔的历史舞台上,这群金发碧眼的外国人构成了一道独特的风景线,深刻地影响了中国近代历史的面貌和进程,不论喜欢与否,当我们心情复杂地回顾这段充满屈辱和抗争的历史时,怎么也无法无视他们的存在。政治经济侵略与思想科学启蒙的对立统一,传统与现代之间的较量会通,华夏文明与西方文明的冲突融合,无不造成中西文化交流过程的独特性、多元性、开放性和包容性,其中诸多的未知、模糊和误解,也给今天的研究留下了广阔的思考和商榷空间。

参考文献

一、历史文献资料

贝德礼著,李提摩太、蔡尔康译述,《农学新法》,上海:广学会,1894年版。

贝拉米著,李提摩太、蔡尔康译,《百年一觉》,上海:广学会,1894年版。

陈洙,《江南制造局译书提要》,江南制造局翻译馆,1909年版。

《广学会年报》(1897),载《出版史料》,1991年第2期。

郭嵩焘,《养知书屋文集》,1892年刻本。

郭嵩焘,《与曾中丞书》,载《养知书屋文集》,卷11,光绪年间刊本。

韩愈著,刘真伦、岳珍校注,《韩愈文集汇校笺注》,北京:中华书局,2010年版。

花之安,《十三经考理》,上海:美华书馆,1898年版。

花之安,《自西徂东》,香港:中华印务总局,1884年版。

黄庆澄,《中西普通书目表》,温州:算学报馆自刻,1898年版。

康有为著,汤志钧编,《康有为政论集》,北京:中华书局,1981年版。

康有为著,吴熙钊点校,《康南海先生口说》,广州:中山大学出版社,1985年版。

柯南道尔著,林纾、魏易译,《歇洛克奇案开场》,商务印书馆,1908年版。

李佳白,《新命论》,载《戊戌变法》(三),上海:神州国光社,1953年版。

李佳白,《中国宜广新学以辅就学说》,载《万国公报》第 102 册,1897 年
    10 月。

李提摩太,《八星之一总论》,上海:广学会,1897 年版。

李提摩太,《办理山西耶稣教案章程》,载《万国公报》第 149 册,1901 年
    6 月。

李提摩太,《仇教会即仇中国论》,载《万国公报》第 215 册,1906 年 12 月。

李提摩太,《大国次第考》,上海:广学会,1893 年版。

李提摩太,《大国次第考》,载《万国公报》第 54 册,1893 年 7 月。

李提摩太,《大同学》,上海:广学会,1899 年版。

李提摩太,《富晋新规》,载《万国公报》第 11 册,1889 年 12 月。

李提摩太,《格致书院振兴西学记》,载《万国公报》第 116 册,1898 年
    9 月。

李提摩太,《华英谳案定章考》,上海:广学会,1893 年版。

李提摩太,《近事要务》,载《万国公报》第 664－675 卷,1881 年 11 月－
    1882 年 1 月。

李提摩太,《救华上策》,载《万国公报》第 146 册,1901 年 3 月。

李提摩太,《救世教益》,载《新学汇编》,上海:广学会,1898 年版。

李提摩太,《列国变通兴盛记》,上海:广学会,1894 年版。

李提摩太,《论分利生利之别》,载《新学汇编》,上海:广学会,1898 年版。

李提摩太,《论说》,载《时报》(天津),1890 年 8 月－1890 年 12 月。

李提摩太,《欧洲八大帝王传》,上海:广学会,1899 年版。

李提摩太,《三十一国志要》,上海:广学会,1893 年版。

李提摩太,《时事新论》,载《新学汇编》,上海:广学会,1898 年版。

李提摩太,《世界女族进化小史》,上海:广学会,1894 年版。

李提摩太,《说锢》,载《万国公报》第 117 册,1898 年 10 月。

李提摩太,《外洋新闻》,载《时报》(天津),1890 年 8 月－1891 年 5 月。

李提摩太,《西铎》,上海:广学会,1899 年版。

李提摩太,《新学》,载《万国公报》第 2 册,1889 年 3 月。

李提摩太,《新政策》,上海:广学会,1893 年版。

李提摩太,《新政诀》,载《万国公报》第 117 册,1898 年 10 月。

李提摩太,《新字述略》,载《万国公报》第 114 册,1898 年 7 月。

李提摩太,《行政三和说》,载《万国公报》第 118 册,1898 年 11 月。

李提摩太,《醒华博议》,上海:广学会,1897 年版。

李提摩太,《性理学列传》,载《万国公报》第 128 册,1899 年 9 月。

李提摩太,《养民有法说》,上海:广学会,1893 年版。

李提摩太,《英国议事章程》,上海:广学会,1899 年版。

李提摩太,《预筹中国十二年新政策》,载《中西教会报》1908 年 6 月刊。

李提摩太,《中国安危视掌说》,载《万国公报》第 121 册,1899 年 2 月。

李提摩太原著,李宪堂、侯林莉译,《亲历晚清四十五年——李提摩太在
    华回忆录》,天津:天津人民出版社,2005 年版。

梁启超,《饮冰室合集》,上海:中华书局,1989 年版。

梁启超著,李华兴、吴嘉勋编,《梁启超选集》,上海:上海人民出版社,1984
    年版。

梁启超著,夏晓虹点校,《清代学术概论》,北京:中国人民大学出版社,
    2004 年版。

梁启超著,张品兴主编,《梁启超全集》,北京:北京出版社,1999 年版。

梁启超撰,夏晓虹辑,《饮冰室合集:集外文》,北京:北京大学出版社,2005
    年版。

林乐知,《全地五大洲女俗通考》,上海:美华书馆,1903 年版。

林乐知,《中东战纪本末》,上海:广学会,1896 年版。

林乐知,《中西关系略论》,上海:格致书室,1892 年版。

刘勰著,范文澜注,《文心雕龙注》,北京:人民文学出版社,1962 年版。

刘勰著,《文心雕龙》,郑州:中州古籍出版社,2008 年版。

玛高温,《地学浅释》,江南制造局翻译馆,1873 年版。

麦肯齐著,李提摩太、蔡尔康译述,《泰西新史揽要》,上海:广学会,1895
    年版。

麦肯齐著,李提摩太、蔡尔康译,马军点校,《泰西新史揽要》,上海:上海
    书店出版社,2002 年版。

欧阳修撰,李逸安编,《欧阳修全集》,北京:中华书局,2001年版。

谭嗣同著,蔡尚思、方行编,《谭嗣同全集》,北京:中华书局,1981年版。

王韬撰,方行、汤志钧整理,《王韬日记》,北京:中华书局,1987年版。

谢卫楼,《万国通鉴》,上海:美华书馆,1882年版。

徐维则,《东西学书录》,海口:海南书局印行,1899年版。

叶瀚,《初学宜读诸书要略》,仁和叶氏刊,1897年版。

曾巩著,陈杏珍、吴继周编,《曾巩集》,北京:中华书局,1984年版。

张之洞,《劝学篇》,1898年铅印本。

张之洞、何启、胡礼垣撰,冯天瑜、肖川评注,《劝学篇·劝学篇书后》,武汉:湖北人民出版社,2002年版。

章学诚,《文史通义》,上海:上海书店出版社,1988年版。

朱寿朋编,《光绪朝东华录》,上海集成图书公司,1909年版。

朱熹撰,黎靖德编,《朱子语类》,北京:中华书局,1986年版。

二、今人专著、编著

爱德华·贝拉米著,林天斗、张自谋译,《回顾》,北京:商务印书馆,1963年版。

陈学恂,《中国近代教育史教学参考资料》,北京:人民教育出版社,1987年版。

陈垣,《陈垣学术论文集》,北京:中华书局,1984年版。

丁钢主编,《近世中国社会经济生活与宗族教育》,上海:上海教育出版社,1996年版。

丁则良,《李提摩太——一个典型的为帝国主义服务的传教士》,北京:开明书店,1951年版。

董俊荣,《天津第1、2、3种近代报刊(中文)研究》,载《天津出版史料》第五辑,天津:百花文艺出版社,1993年版。

范文澜,《中国近代史》,北京:人民出版社,1962年版。

方汉奇，《中国近代报刊史》，太原：山西教育出版社，2012年版。

方汉奇，《中国新闻事业通史》，北京：中国人民大学出版社，1992年版。

费正清编，中科院历史研究所编译室译，《剑桥中国晚清史》，北京：中国社会科学出版社，1985年版。

冯自由，《革命逸史》，北京：中华书局，1981年版。

顾长声，《传教士与近代中国》，上海：上海人民出版社，1981年版。

顾长声，《从马礼逊到司徒雷登》，上海：上海书店出版社，2005年版。

顾卫民，《基督教与近代中国社会》，上海：上海人民出版社，2010年版。

郭荣生，《清末山西留学生》，太原：山西文献社，1983年版。

郭延礼，《中国近代翻译文学概论》，武汉：湖北教育出版社，1998年版。

韩南著，徐侠译，《中国近代小说的兴起》，上海：上海教育出版社，2004年版。

何菊，《传教士与近代中国社会变革：李提摩太在华宗教与社会实践研究（1870—1916）》，北京：中国社会科学出版社，2014年版。

何绍斌，《越界与想象——晚清新教传教士译介史论》，上海：上海三联书店，2008年版。

何晓夏、史静寰，《教会学校与中国教育近代化》，广州：广东教育出版社，1996年版。

何兆武，《中西文化交流史论》，武汉：湖北人民出版社，2007年版。

胡光漉，《影响中国现代化的一百洋客》，台北：传记文学出版社，1983年版。

胡适著，欧阳哲生编，《胡适文集》，北京：北京大学出版社，1998年版。

霍伊卡著，丘仲辉、钱福庭译，《宗教与现代科学的兴起》，成都：四川人民出版社，1991年版。

季压西、陈伟民，《中国近代通事》，北京：学苑出版社，2007年版。

翦伯赞，《中国史纲要》，北京：北京大学出版社，2006年版。

蒋建国编，《报界旧闻》，广州：南方日报出版社，2007年版。

杰西·卢茨著，曾钜生译，《中国教会大学史》，杭州：浙江教育出版社，1988年版。

科林伍德著,何兆武等译,《历史的观念》,北京:中国社会科学出版社,
　　1986年版。

李时岳,《李提摩太》,北京:中华书局,1964年版。

李天纲编校,《万国公报文选》,上海:中西书局,2012年版。

李志刚编,《基督教与近代中国文化论文集》,台北:宇宙光出版社,1989
　　年版。

梁元生,《林乐知在华事业及〈万国公报〉》,香港:香港中文大学出版社,
　　1978年版。

刘树森编,《基督教在中国:比较研究视角下的近现代中西文化交流》,上
　　海:上海人民出版社,2010年版。

卢明玉,《译与异——林乐知译述与西学传播》,北京:首都经济贸易大学
　　出版社,2010年版。

罗伯特·默顿著,范岱年、吴忠译,《十七世纪英国的科学、技术与社会》,
　　成都:四川人民出版社,1986年版。

马光仁,《上海新闻史》,上海:复旦大学出版社,1996年版。

马克斯·韦伯著,于晓、陈维纲等译,《新教伦理与资本主义精神》,北京:
　　生活·读书·新知三联书店,1987年版。

马士编,张汇文等译,《中华帝国对外关系史》,上海:上海书店出版社,
　　2006年版。

马祖毅主编,《中国翻译通史》,武汉:湖北教育出版社,2006年版。

梅晓娟,《当西方遇到东方——明清之际的人文社科译著研究》,合肥:安
　　徽人民出版社,2012年版。

聂石樵,《司马迁论稿》,北京:中华书局,2010年版。

浦安迪,《中国叙事学》,北京:北京大学出版社,1996年版。

《山西文史资料》,山西省文史资料研究委员会编,1986年版。

宋莉华,《传教士汉文小说研究》,上海:上海古籍出版社,2010年版。

苏慧廉著,关志远、关志英等译,《李提摩太在中国》,桂林:广西师范大学
　　出版社,2007年版。

苏慧廉著,梅益盛、周云路译,《李提摩太传》,上海:广学会,1924年版。

孙宝瑄,《忘山庐日记》,上海:上海古籍出版社,1983年版。

汤浅光朝,《解说科学文化史年表》,北京:科学普及出版社,1984年版。

汪家熔辑注,《中国出版史料(近代部分)》,武汉:湖北教育出版社,2004年版。

王立新,《美国传教士与晚清中国现代化》,天津:天津人民出版社,2007年版。

王林,《西学与变法——〈万国公报〉研究》,济南:齐鲁书社,2004年版。

王奇生,《中国留学生的历史轨迹》,武汉:湖北教育出版社,1992年版。

吴义雄,《在宗教与世俗之间——基督教新教传教士在华南沿海的早期活动研究》,广州:广东教育出版社,2000年版。

谢天振,《比较文学与翻译研究》,上海:复旦大学出版社,2011年版。

谢天振,《译介学》,上海:上海外语教育出版社,1999年版。

熊月之,《西学东渐与晚清社会》,北京:中国人民大学出版社,2010年版。

徐士瑚,《李提摩太传略》,太原:山西大学出版社,1992年版。

徐行言,《中西文化比较》,北京:北京大学出版社,2004年版。

徐宗泽,《明清间耶稣会士译著提要》,北京:中华书局,1989年版。

杨代春,《〈万国公报〉与晚清中西文化交流》,长沙:湖南人民出版社,2002年版。

杨真,《基督教史纲》(上),上海:上海三联书店,1979年版。

姚崧龄,《影响我国维新的几个外国人》,台北:传记文学出版社,1971年版。

袁伟时,《晚清大变局中的思潮与人物》,深圳:海天出版社,1992年版。

张德让,《明清儒家士大夫翻译会通研究》,南京:南京大学出版社,2017年版。

张国刚,《从中西初识到礼仪之争——明清传教士与中西文化交流》,北京:人民出版社,2003年版。

张静庐辑注,《中国出版史料补编》,北京:中华书局,1957年版。

张静庐辑注,《中国近代出版史料》,上海:上海书店出版社,2003年版。

赵晓兰、吴潮,《传教士中文报刊史》,上海:复旦大学出版社,2011年版。

中国近代史编写组编,《戊戌变法》,上海:上海人民出版社,1957 年版。

朱有瓛,《中国近代学制史料》,上海:华东师范大学出版社,1986 年版。

邹小站,《西学东渐:迎拒与选择》,成都:四川人民出版社,2008 年版。

邹振环,《影响中国近代社会的一百种译作》,北京:中国对外翻译出版公司,1994 年版。

邹振环,《西方传教士与晚清西史东渐》,上海:上海古籍出版社,2007年版。

三、期 刊、学 位 论 文

陈琛、梅晓娟,《〈泰西新史揽要〉史传会通研究》,《安徽师范大学学报》,2015 年第 2 期。

陈建中,《翻译即阐释》,《外语与外语教学》,1997 年第 6 期。

陈绍波、刘中猛,《李提摩太与〈泰西新史揽要〉》,《沧桑》,2006 年第 4 期。

程丽红,《李提摩太:报业"争论时代"的揭幕人》,《史学集刊》,2014 年第 6 期。

程丽红,《清代报人研究》,吉林大学博士学位论文,2007 年。

崔波,《在政治与知识之间——晚清翻译出版的内在逻辑》,《山西师大学报》,2008 年第 5 期。

崔波、吴彤,《知识入侵中的桥接、誊写、填充——对晚清翻译出版史的思考》,《人文杂志》,2008 年第 4 期。

杜维运,《中国史学与西方史学之分歧》,《学术月刊》,2008 年第 1 期。

杜一宁,《天津〈时报〉研究》,吉林大学硕士学位论文,2007 年。

高黎平,《传教士翻译与晚清文化社会现代性——以中国第三次翻译高潮中译坛美士"三杰"个案等为例》,上海外国语大学博士学位论文,2011 年。

关志远,《李提摩太在〈泰西新史揽要〉译介中的得与失》,《内蒙古工业大学学报》,2012 年第 1 期。

关志远,《李提摩太在〈回头看纪略〉译介中的得与失》,《内蒙古工业大学学报》,2012 年第 2 期。

郭汉民,《李提摩太来华初期的社会改革思想》,《湖南师范大学学报》,1994 年第 6 期。

韩南著,《汉语基督教文献:写作的过程》,《中国文学研究》,2012 年第 1 期。

何绍斌,《从〈百年一觉〉看晚清传教士的文学译介活动》,《中国比较文学》,2008 年第 4 期。

黄忠廉,《变译(翻译变体)论》,《外语学刊》,1999 年第 3 期。

李刚、倪波,《试论洋务运动中的翻译出版活动》,《江苏图书馆学报》,1999 年第 6 期。

李海红,《李提摩太在〈万国公报〉上的变法思想》,《西南交通大学学报》,2003 年第 6 期。

李尹蒂,《"农学新法"与晚清农业》,《福建师范大学学报》,2015 年第 3 期。

刘树森,《李提摩太与〈回头看纪略〉——中译美国小说的起源》,《美国研究》,1999 年第 1 期。

刘微,《翻译与解释——劳伦斯·韦努蒂访谈录》,《中国翻译》,2013 年第 6 期。

刘雅军,《李提摩太与〈泰西新史要览〉的译介》,《河北师大学报》,2004 年第 6 期。

潘光哲,《追索晚清阅读史的一些想法——知识仓库、思想资源与概念变迁》,《新史学》,2005 年第 3 期。

钱存训,《近代译书对中国现代化的影响》,《文献》,1986 年第 2 期。

邵宏,《翻译——对外来文化的阐释》,《中国翻译》,1987 年第 6 期。

施宣圆、吴树扬,《李提摩太与戊戌变法》,《复旦学报》,1988 年第 4 期。

史降云、申国昌,《李提摩太与山西大学堂》,《山西师大学报》,2006 年第 4 期。

孙邦华,《李提摩太与广学会》,《江苏社会科学》,2000 年第 4 期。

孙青，《晚清之"西政"东渐及本土回应——中国近代"政治学"形成的前史研究》，复旦大学博士学位论文，2005 年。

孙玉祥，《李提摩太——最早向中国介绍马克思主义的人》，《新闻出版交流》，2002 年第 4 期。

田中初，《游历于中西之间的晚清报人蔡尔康》，《新闻大学》，2003 年冬季卷。

王李金，《从山西大学堂到山西大学（1902－1937）——探寻中国近代大学教育创立和发展的轨迹》，山西大学博士学位论文，2006 年。

王李金、段彪瑞，《李提摩太的教育主张及参与创建山西大学堂的实践》，《高等教育研究》，2011 年第 3 期。

王立新，《英美传教士与近代中西文化会通》，《世界宗教研究》，1997 年第 2 期。

王林，《〈万国公报〉对西方民主政治的介绍》，《山东师大学报》，1999 年第 4 期。

肖琦，《意识形态的操控：晚清翻译出版情况及特点分析》，《贵州民族学院学报》，2009 年第 1 期。

姚福申，《蔡尔康先生行年考略》，《新闻大学》，1990 年春季卷。

尹延安，《传教士中文报刊译述语言文化研究》，华东师范大学博士学位论文，2013 年。

喻大华，《晚清文化保守思潮与"近代文化"的构建》，《天津社会科学》，2001 年第 2 期。

袁荻涌，《论清末政治小说的译介》，《贵州大学学报》，1990 年第 3 期。

张德让，《翻译会通研究——从徐光启到严复》，华东师范大学博士学位论文，2010 年。

张绍军、徐娟，《文化传播和文化增值——以〈泰西新史揽要〉在晚清社会的传播为例》，《东方论丛》，2005 年第 4 期。

张生祥，《美国新教传教士在近代中国的翻译出版活动》，《兰州大学学报》，2011 年第 5 期。

张伟良、姜向文、林全民，《试论李提摩太在戊戌变法中的作用和影响》，

《清华大学学报》,1998 年第 3 期。

章晖、马军,《游离在儒耶之间的蔡尔康》,《档案与史学》,1998 年第 5 期。

赵少峰,《江南制造局翻译馆与晚清西史译介》,《学术探索》,2010 年
第 5 期。

赵少峰,《广学会与晚清西史东渐》,《史学史研究》,2014 年第 2 期。

朱建平,《翻译即解释:对翻译的重新界定——哲学诠释学的翻译观》,
《解放军外国语学院学报》,2006 年第 2 期。

四、外文文献资料

Barnett, Suzanne Wilson. *Practical Evangelism*: *Protestant Missions and the Introduction of Western Civilization into China*. Harvard University PhD Thesis, 1973.

Bays, Daniel. *Christianity in China*: *From the Eighteenth Century to the Present*. Stanford University Press, 1999.

Bellamy, Edward. *Looking Backward 2000 - 1887*, Boston: Benjamin Ticklor & Company, 1888.

Berthrong, John H. *All Under Heaven*: *Transforming Paradigms in Confucian - Christian Dialogue*. Albany: State University of New York Press, 1994.

Bohr, Paul Richard. *Famine in China and the Missionary*: *Timothy Richard as Relief Administrator and Advocate of National Reform*, *1876 - 1884*. Cambridge, Mass: Harvard University Press, 1972.

Dunch, Ryan. "Beyond Cultural Imperialism: Cultural Theorry, Christian Missions and Global Modernity", *History and Theory*, Vol. 41, No. 3, Aug. 2002.

Elsbree, Olive Wendell. *The Rise of the Missionary Spirit in America*:

1790 － 1815，William Sport Printing & Binding Co., 1928.

Eunice, Johnson. *Timothy Richard's Vision*：*Education and Reform in China*，*1880 － 1910*. Pickwick Publications, Eugene, Or, 2014.

Evans, E.W.P. *Timothy Richard*：*A Narrative of Christian Enterprise and Statesmanship in China* . Garey Press, 1945.

Fairbank, John. *The Missionary Enterprise in China and America*. Harvard University Press, 1974.

Fryer, John. "Scientific Terminology: Present Discrepancies and Means of Securing Uniformity". *Records of the General Conference of the Protestant Missionaries of 1890*. Shanghai, May 15th.

Huntington, Samuel P. *The Clash of Civilizations and thr Remaking of World Order*. New York: Simon & Schuster, 1996.

Latourette, Kenneth. *A History of Christian Missions in China*. New York: The Macmillan Company, 1929.

Leung, Beatrice & Young, John. *Christianity in China*：*Foundations for Dialogue*. Centre of Asian Studies, University of Hong Kong, 1993.

Mackenzie, Robert. *The Nineteenth Century — A history*. London: T. Nelson and Sons, Paternoster Row. Edinburgh, 1880.

Mateer, Calvin. "Introductory Chapter on *Wenli*". New Terms for New Ideas: A Study of the Chinese Newspaper. Shanghai: Presbyterian Mission Press, 1924.

Porter, Andrew. *Religion versus Empire*：*British Protestant Missionaries and Overseas Expansion*（*1700 － 1914*）. Manchester University Press, 2004.

Reeve, Benjamin. *Timothy Richard*：*China Missionary*，*Statesman and Reformer*. S. W. Partyidge & Co. Ltd., 1911.

Richard, Timothy. *Conversion by the Million in China*，*Being Biographies and Articles by Timothy Richard*. Shanghai: Christian Literature Society, 1907.

Richard, Timothy. *Forty-five Years in China*: *Reminiscences*. New York: Frederick A. Stokes Company, 1916.

Soothill, William. *Timothy Richard of China*: *Seer*, *Statesman*, *Missionary and the Most Disinterested Adviser the Chinese Ever Had*. London: Seeley Service, 1924.

Uhalley, Stephen & Wu, Xiaoxin. *China and Christianity*: *Burdened Past*, *Hopeful Future*. M. E. Sharpe, 2001.

附录　李提摩太主要著译作品序跋摘录

(一)《列国变通兴盛记》弁言

明季之粃政,日出而不穷,益以流寇之鸱张,大为民生之蚕蚀故。大清开国之始,人烟稍稍寥落,萃中华之地力,适足以食之而有余。洎乎休养生息,垂百十年,地狭人稠,闾阎渐多窘况。皇帝轻徭薄赋,子惠困穷,汉唐宋莫媲其仁,欧美非罕如其厚,乃元气未遽复,生机未尽畅者,则以新法不行,无以济旧法制穷也。夫今天下之养民,亦多术矣,中国与各国通往来,水则有轮舟,陆则有铁路,空际则有电线,举亘古所不相闻问者,如接之于户阈,以郯子之仅能数典,孔圣犹就学之,矧泰西诸雄国之什伯千万于郯者乎,而顾可墨守前辙,一是皆等而下之乎,仆不敏,亦尝浏览乎方今之局势,而熟察其治乱盛衰之故。

窃谓凡能遍交邦国,而达于其政,弃瑕握瑜,以裨本国者,无有不治,无有不盛,否则衰乱相寻,人尽飞行绝迹。我惟常居卢后而已,呜呼,可不惧哉。中国学校如林,人才辈出,及叩以各国之新政,非瞠目而不能答,即强颜而以为不必知。知之矣,非仅得其皮毛,即误会其腠理,以华人之聪明智慧,何至昏昏然如隔十重帘幙,此无他,不学之故也。千古不学而能之上圣,历数会有几人,诚使以天赋之灵襟,济之以天开之新学,则夫外邦之所以变通,所以兴盛者,一一了然于胸次,而外事之可以自警,可以取效者,亦一一洞烛于几先,二十年后,中国不兴也浡焉者。微

179

特断无其事,抑且断其理,而顾日复一日,年复一年,忽忽悠悠,因循不改,有志之士,所以扼腕而长叹也。

仆前在天津,忝主时报,目击华民辛苦垫隘,无所控告,爰取邻于中国之俄罗斯印度日本缅甸安南诸国杂史,而撮其改弦更张之纲领,举其民生休戚之端倪,排日纪攒,录诸报纸,深冀明哲之大吏,俯采刍荛,以为河海泰山之助,然犹嫌其散而无纪也。今者,朝鲜祸作,朝鲜之政,暗弱昏庸,即所谓常居卢后者,其衰乱相寻也。固然其无足怪,独惜中国之幅员生齿皆十倍于日本,乃至堂堂铁舰,未遑与日本相见于重瀛,然则小诚可以敌大,寡诚可以敌众乎,呜呼,此其中必有故焉。亟衷旧文,汇刊新帙,颜之曰《列国变通兴盛记》,以为锐意谋新者之嚆矢,若夫参稽博考,进而益上,则欧洲之书,浩如烟海,更仆未易以终,抑余近译《泰西新史揽要》行将付梓,倘蒙兼赐采择,如知味然,庶几五侯之鲭,百花之蜜也夫。

(二)《英国议事章程》弁言

泰西自上下议院外,士农工贾无钜细事必有会,会必有议,议事必有定章,故虽数百人一院萃集,和衷共济,无纷扰喧嚷,各得罄其论说,以臻美善。华人不尚会议一事,每见通都大邑,士夫萃集之所,或一二大员絮絮,位卑者未敢言也,或数人萃集一隅,喁喁私语,同人未能闻也,或众口喧嚷,语无伦次,历时既久,无端绪也。光绪戊戌夏日,与葭苍室主人译《英国议事章程》,条分缕析极详尽,盖是为泰西奉行日久遵守弗替之法。中国幅舆广袤,互市以后,西人足迹所至,何时何地无之中西交涉,事至繁赜,得此简单稳妥之章,临事或不无裨益焉。因书缘起并附例言于后。

一篇中题目皆照原文译录,备竭详明有先后重复及大同小异者,均仍之。一篇中有详在后文于前数章,则言之甚简者,恐阅者未能了然加注,详见某章及章程表第几字样。一篇中如原端改端口选手选委酌会等,明目皆照原文译名。一篇中取譬如开铁路设医院之类,皆指现在时局较原文浅显易明。一篇中大意第十三章次序,章程表中皆已罗纳,其详则散见诸篇。一是书看似不急之务,然于中西交涉会议时大有裨益,翻译需时校对无误,约者幸无忽诸。

(三)《时 事 新 论》弁 言

余英人也,屈指游华二十余年矣,于齐于晋于燕于赵风土方言山川形胜,靡不粗悉大略,而于中国之经史子集酷嗜而涉猎之穷见。夫中国文物之盛,自三皇五帝以来,相传勿替递至夏商周秦,历数千年积萃圣人之经营缔造而法制益备,故环地球九万里邦国之古民人之众,惟中国首屈一指。为若欧洲各国当中国汉时洪荒始辟至今,未及二千年校之中国诚瞠乎后矣,然人材崛起,奋发有为,而于天球地舆格致测算诸学尤深考究,故近来轮船驶于重洋,火车驰于陆路,而电线遥接于数万里外,顷刻通音,继以耕织开矿及制造枪炮等事,悉假机器为用,创亘古未有之奇洩,造化不宣之密,是以百年来欧洲通商各国有由小而大,由弱而强者矣,亦有由大而小由强而弱者矣,顾同此通商之国也,何以大小异势强弱判等若此,此其故惟能借通商之交谊,熟察其兴衰之理,俾广我闻见之资而已。

夫天道数百年小变,数千年大变,迩来欧洲各国新学日出,精益求精,要在熟思审虑,主善惟师,当仁不让,取人之长,补己之短,勿狃于陈言,勿拘于成法,勿因循而误事,勿苟且以图功,广益集思,通权达变,将见持盈保泰之功,长治久安之道。基于此矣,今中国大开海禁,中外一家,为三千年未有之变局。就目前而论,玉帛往来,相敦辑睦,似可不必鳃鳃过计。然强俄窥伺于北,英法侵吞于南,而日本且逼于东,缅甸安南藩篱已撤,高丽西藏觊觎尤深。况乎外忧未已,内患迭乘,浸假而晋豫旱魃为虐矣,浸假而鲁郑黄水告灾矣,坐令数千万饥民流离于道路之中,转徙于沟壑之内。时事至此,已甚无如筹荒者,惟从事于仓谷治河者,专致力于堤坝岁糜,数百万公帑而亿兆之众卒未能遍拯,是徒保于目前,终无

181

济于日后也。推原其故，皆由中国新学之未立，闻见之不广，若果以新学为训，不独外患可消亦，内灾可弭。

兵法云，知己知彼，百战百胜，此之谓与欧洲各国报馆林立、各国利弊无不周知故，新学中以报馆为教育人材之一端。余侨寓中国，践土食毛，久在四民之列，深欲中国明德新民，闻见日广，渐底于富强。近因津门报馆延余承乏其间，窃拟从此将各国之事表而出之，晓然于大众，藉当刍荛之献所虑者，学问浅薄，耳目未周，惟愿当代之通儒硕士，凡有卓识高见，崇论闳议，随时见惠俾，与时事有益则不佞幸甚，天下幸甚。

（四）《时事新论》跋

报馆之设凡以备人耳目也，中国古无此制，然郑乡校论执政子产勿毁者，欲就其中择善而从比物此志也，故其论述之事，皆为当世之切要，以辅廷议之所不及，而中国之所切要者，莫若通五洲之事。虽然中国亘古未与泰西通也，其所以为治乱之迹与夫盛衰之故，皆验于史鉴之所纪，圣贤之所传，昭然若合，符节拘守，此说牢不可破。今欲进一议曰，非尽天下景物而变更之，一如泰西之所为不可以为，治则将曰，彼不过徒讲富强之术耳。今欲尽中华文物而弁髦叶之鸟乎，可噫此言良是也，惜未达权也，夫权之位道准乎，时势之宜通乎，古今之变而不可一例拘也。假使海禁于今未开，华洋于今未涉，则以中华之道治中华之人，苟能贤者在位，能者在职，固已足致太平，又何必鳃鳃焉。专讲五洲之事哉，而今则海禁开矣，华洋交矣，虽使古圣贤当此亦必变通而不敢拘泥乃固执古时治乱之迹，以为鉴不已大相左乎。

仆来华二十余年，深知中华受病之由并今时各国兴衰之故，且有明效大验于此，倘效寒蝉而不言，坐视中华束缚于贫弱之中而不能自振，恐乘践土食毛之义，亦非圣教一视同仁之心，故特借承报馆之乏而觌缕以陈，非不惮烦也，报馆之职也。然此事非一朝一夕所能罄，今止承办一年所未及，论者甚多，特于停止之日，总叙年来论述之事，重作提撕以冀文人学士公卿大夫深相考究,为按予初职报馆时,除每日登论说一篇外,凡七日必讲中国须知之事,故杂地杂学并论列之,如论五洲各国幅员、人数、教门、学校、商务数段以备中国比较也。

俄罗斯并日本皆中国强邻,日生觊觎不可不防,宜思所以自振焉。故论俄人富强之由前后十年段,并述日本近二十年内整顿国务诸事,较前已极强盛,因述其强盛之由十一段,以为中国警醒也。近数十年欧罗巴为五洲之首,其所以为首者,缘皆取法于欧洲也,独中国各处书塾无一知讲欧洲之事者,故特叙述欧洲古今历代有为之君凡十段,以见其旧制之变更也。至于历代著名之良臣辅弼贤士倡行各事迹,更拟缀叙十数段以资见识,惜无时日,故未暇及。今近中国西南最强之国,莫印度若也,在汉及唐时有称述,惟今日中土各处书塾绝无一人知而述之,故不惮烦,代为论列。缘印度今非昔比,大更旧制,东至中国川滇两省为西藏东南界,西至克什米尔为西藏西界,已遍国开设铁路,安置电线,立邮局,修水利,设书塾,以讲新学,凡六章载于报中。外有安南暹罗缅甸西藏邻地属印度者,俱列于报。又有美洲澳洲纪略各一,凡若此者,中国不欲振兴则已,中国苟欲振兴也,此事不可不改也。

每七日列图一张,即各国要事排列次序,凡三十余国,以便比较中外各国孰先孰后焉。又电学,近二十年内所出新法,大概较各学为尤有关系,以其能变化无穷也凡发信发光传力化物,用处无穷,故著电学二十余条,以见大概,有心者即而求之其用,曷有极哉。又化学,为四民所不可少之学,故著说十余篇以备用焉。至于各国养民利民诸法,随意论列,不可指数,盖无论每日所著之论及,讲各国之事皆不外此。余之所以不惮烦言者,凡以为中国计也,盖良不欲中国落人之后,致余所论诸说尽为空谈,则余之所厚望也。倘一旦华人士不约而同,欲改察各国教民养民诸新法,中国复兴之机可计日而待,良以国之兴衰在此,民之生死在此,华人士慎勿河汉斯言也。

(五)《泰西新史揽要》译本序①

　　此书为暗室之孤灯,迷津之片筏,详而译之,质而言之,又实救民之良药,保国之坚壁,疗贫之宝玉,而中华新世界之初桄也,非精兵亿万、战舰什佰所可比而拟也。尝考中国古世善体天心,恒孜孜于修身、齐家、治国、平天下之道,其于远人也,怀柔以德,来则安之。总之,一日万几,无不求止于至善,是以巍然高出于亚洲为最久之大国,而声名之所洋溢且远及于他洲,猗欤盛哉! 何图近代以来良法美意忽焉中改,创为闭关自守之说,绝不愿与他国相往来,他国不乏修心乐道之人,更动辄加以疑忌,可惜孰甚焉。至西人之通商于中华者,固曰为牟利来也,然以有易无,以羡补不足,中华亦何尝不利,乃中国偏欲恃其权势,遇事遏抑而压制之。华人容有不以此语为然者,然细究居心行事之实迹,多不免有所偏重,阅者试熟思之,果其不谬,则中国之病根在是也,知其为病而去之,即天下一家也。泰西各国素以爱民为治国之本,不得不藉兵力以定商情,且曰中国不愿与他国交,于上天一视同仁之意未有合也,遂屡有弃好寻仇之祸,他国固不得谓为悉合也。然闭关开衅之端则在中国,故每有边警,偿银割地,天实为之,谓之何哉? 重以前患甫息,后变迭乘而又加甚焉,沿至今日,竟不能敌一蕞尔之日本,呜呼! 谁之咎欤,谁之咎欤! 犹幸尚有明敏之才,深知中国近年不体天心,不和异国,不敬善人,实有取败之理,因冀幡然尽改其谬误,凡华人所未知者,明于事理、敏于因应之才,深思而博考之,具列其目于左:

　　一知万国今成一大局,遇事必合而公议,直如各省之服皇帝,各人之守王法,各业之听同行,故虽分而为各国,而教化不相歧视,关税改从一

　　① 译本序原刊印于《万国公报》1895 年 4 月第 75 期,台北:华文书局 1968 年影印合订本第 24 册,第 15111－15117 页。这里摘自马军点校本《泰西新史揽要》,上海:上海书店出版社 2002 年版。

律,此合而共便之道也。各国既无碍于他国,他国即应任其自由,不相钤制,此分而各便之道也。夫如是,逆料异时各国若有衅隙,可请他国公评曲直,有恃强而出于战者,天下共伐之,当永无战祸矣。

一知今日治国之道仅有三大端,泰西各国救世教一也,中国儒教二也,土耳基等国回教三也。而宰治之最广者实推救世教,故五大洲各国共合男女一千五百兆人,受治于救世教者九百余兆,受治于儒教者四百余兆,受治于回教者八十兆。全地球陆地共合华程五百兆方里,为救世教所辖者四百二十兆方里,儒教所辖者四十兆方里,回教所辖者三十兆方里。

一知今日兴国之道,有断不可少者四大端:道德一也,学校二也,安民三也,养民四也。凡精于四法者,其国自出人头地,不精或不全者,不免瞠乎其后,毫不究心者则更在后矣。夫行此四大端者,分为四支,古今一也,东西二也,普遍三也,专门四也。今考泰西各国不但生齿之数岁有所增。是故以富而言,欧洲各国库储所入之款每年约合华银二千八百兆两,非剥民以奉上也,民富而君无不足也。中国岁入之款不过一百兆两,若论回教各国则人既岁有所减,民之困苦反岁有所增。

此明敏之才既熟察乎中外之情形,爰知中国近来讹谬之关系大莫与京,所谓聚六州之铁不能铸一大错字也。欣闻皇太后运庙算于上,恭亲王、李傅相、南皮张尚书承流宣化于下,皆曰人非就学于人之为耻,不学而甘居人后乃真足耻也,苟其持是说而身体力行之,则中国之厚幸也。所可惜者圣母、贤王、名相、纯臣虽有整顿之心,而胆识兼优、敢于竭力进言者京外均甚罕见,锐意酌改者更寥落如晨星,且即有蓄意言之、设法改之者,亦以未谙各国整顿之道,往往无从下手。

仆虽不敏,而灼知欲渡无梁之苦,代为焦虑者历有年所,继而喟然曰:明镜足以鉴妍媸,新史足以究隆替,曷不发箧出书,以为华人泰山大海之助乎?及读英国马肯西先生所著《十九周大事记》,西例以耶稣降世后每百年为一周,今适在十九周中也。则诚新史而兼明镜之资也。中国服官之众、读书之士、其于中国之古训,自己烂熟于胸中,若欲博考西学振兴中土,得此入门之密钥,于以知西国之所以兴,与夫利弊之所在,以华事相印证,若者宜法,若者宜戒,则于治国读书之道思过半矣。夫西国之广兴多在近百年中,是书撷近人著作之菁华,删其繁芜,运以才识,国分事系,殚见洽闻,故欲考近事无有出其右者,欲治近世亦无有出其右者。如欲兼考数千年来掌故,则西国之书奚啻汗牛充栋,学者循序渐进,非必以一书囿也。光绪十八年猲来上海,亟思翻译华文以饷华人,爰延访译书之有名者,闻蔡君芝绂于中外交涉之事久经参考,遂以礼聘之来。晴几雨窗,偶得暇暑,即共相与紬绎,迄今三载始克卒业,盖诚郑重乎其事也。至论劝令宦途士林中人,尽读新书以兴中国之策,不揣狂妄敢拟二条:

一曰请皇上降旨,继自今凡学院考取生童,主考、总裁取中举人、进士必就西史命题条对,如生童考经古及乡、会试第三场策问之类,必其洞晰无遗,始克题名各榜。

一曰请皇上降旨,继自今天潢诸贵胄与夫翰苑中人,均取是书悉心考核,以为先路之导,然后遴选年在四十岁以内者,令其游学各西国,肄习新法,期以数年学成回国,量才擢用。

果其二法可行,仆敢保有益于中国之万法必皆由是而生,是一国备万国之善也。泰西于近百年之内,民富于昔者五倍,中国之民岂独不能增五倍之富乎?民既增五倍之富,有不能御他国者乎?且不特御一国,即御他洲各国亦无所难。彼小人之见解,动曰以兵力御敌国,无论兵凶战危不可妄动,即使杀敌致果无往不利,亦且下酿生灵之祸,上干造物之和,孰若深味此书,见诸行事而隐御外患于无形乎?且夫中国之地擅欧罗巴全洲之广也,中国之民合欧罗巴全洲之众也,然而欧洲府库岁入二千八百兆金,中国则仅得二十八分之一者,无他,新法之未兴也。新法既兴,国未必岁增千兆巨金,而数倍于今之入操券可得,彼偿日本以数百兆不过一次,何虑之有!故夫今日者惩前毖后,一旦尽祛痼习而迪新机,转祸为福,此正天之所以兴中国也。君子体上天好生之心,不念他事,永敦睦谊,驯致五洲万国同庆升平,岂不美哉!抑更有最要之一说者,中国若不即日更改学校之制,士子但读本国古书,但知我为首出之大国,素著盛名,彼他国皆远出我下,微特不知他国之善已也,终必并其本国之善而亦失之。万病之生盖皆出于此不知之故，倘能善与人同，易不知而进于知则救华之机全在此举。呜呼！可不慎欤。况乎中国可患之事尚有更甚于今者，不过数年祸端立见，设使猝遭其时，虽欲再思补救恐已无济于事之。为此言也，明知触犯忌讳，人多逆耳，但无一非真实无妄之语万一不能见谅于今日，他日必有思我言而长叹者。夫至思我言而长叹，则岂徒今日我言之不用，为我之不幸也哉？光绪二十一年乙未孟夏，即西历一千八百九十五年五月，英国李提摩太序于上海光学会之寓庐。

（六）《百年一觉》译本并序

《百年一觉》一书，乃美国名儒毕拉宓所著也，原名《回头看》，愚以不甚切实，故易之。惟所论者，皆美国后百年变化诸事。西国诸儒，因其书多叙养民新法，一如传体，故均喜阅而读之，业已刊印数十万部行于世。今译是书，不能全叙，聊译大略于左。

（七）《速兴新学条例》前言

中国声明文物焜燿寰区，顾古人之所知所能或只局促于一隅未克经营乎，八表当夫闭关谢客之世容可蹈常袭，故上下恬嬉酒者，天下大通，人文蔚起，各国洽闻殚见骎骎度骅骝而前，华人独蛛网尘封，事事相形见绌，内治既衰屡嬴弱，外交结束缚拘挛，甚至权不我操，地非我属，羁旅之士累岁著书立说，不惮苦口以献良箴，言者谆谆，听者藐藐，凌夷以至今日竟有迫不及待之势，时艰蒿目不能不扼腕而嗟也。然而贞下起元剥极，必复堂堂大国度，必无终居人后之理，诚使投袂而起见几而作，遍考五洲之新兴，顿宏一国之远猷，安见今之受制于人者，不能一变而仍归专主乎，中国明敏大吏亦知当务之急上之敷陈黼宸，下之布告胶庠，深期新学之广兴，快洗当年之固习，特恐立法无其序，行法亦不当其可，则即书堂讲塾霞蔚云蒸，空靡水衡之钱，鲜收树人之效，重以玩时惕日齐傅楚咻，急祸无解乎，眉然近灾将占乎肤剥，敝会同人心窃痛之，敢贡一束之刍，冀蓄三年之艾，亡羊岂悔补牢之晚，失马焉知非福之徵，若犹高语皇初卑人尊己，鄙雄为蛮夷戎狄，斥嘉谟为诞妄诙谐，抑或泥欲速不达之训词，蹈一曝十寒之通弊，滔滔不返，迟迟吾行，必致病入膏肓，实难生我纵和缓，复生于斯世，亦将叹攻补之两穷矣。

总而言之，居今日而筹急救之法，必合诸学以定课士之程，交邻国而求永好之方，必惜寸阴以广育才之道，综其纲领，厥有六端：一曰书籍，二曰书院学塾，三曰考政，四曰新学报，五曰立学经费，六曰鼓舞人才。此六端者，皆所以启迪华人速知各国良法之要策也，知之而不急于行，行之而不求其备，不特永绝振兴之望已也，各国日盖东趋，如洪水之骤至，仅恃旧堤一线，试问何以御之？势迫时危，不敢再有所忌讳，更就六纲领申陈诸条目，伏顾通权达变之诸君子，俯赐采择，不惮穷日之力以迅策乎，兼人之勇，中国四垓人灵光秀气，如锈镜之重磨，即敝会一十年之孤诣苦心，亦新策之渐爰矣，所有条目具列于后。

（八）《七国新学备要》序

尝谓学者何必学于古，非也，何必学于今，亦非也，益学无论古今，学其有益于人者而已，此则中西君子公是公非之大道也。中国上古之世结绳而治，而后世圣人易之以书契，由是有三坟五典经史子集之书。迨至庠序学校之教设而诸子百家之学起，分门别类户诵家弦，此中国之学为之一变，不但中国为然，即西国亦然。其上古之时不必言，试言汉代以后各国多有学校而法尚未备，嗣各国朝廷前后于通都大邑处始建设新法上学，名之曰普书院，是新法较古法一变。至道光年间则各国各乡曲处，亦皆建设新法初学，是新法又一变。新法至同治光绪年间，则并新法中学与机艺学，亦皆一律建设矣，是新法增新变之再变夫，新法者何，总言之曰横竖普专而已。

　　何谓横？我国所重之要学，学之，即各国所重之要学，亦学之，此横学也。何谓竖？一国要学中，有当损益者知之，即自古至今，历代之因何而损、因何而益者，亦必知之，此竖学也。何谓普？斯人所需之要学，无不兼包并举，可以详古人之所略，并可补近今之不足，上天所造之物，无不精思审处，不使有扞格之难通，并不使有纤毫之未达，此普学也。何谓专？专精一学而能因事比类，出新解至理于所学之中，莫不惊其奇而说其异，此专学也。是则新学之大纲也。

　　而其所以重新学者，亦有故，盖国家当有事之秋赖兵法，承平之日赖学校，而兵法或百年不用，学校实不可一日无之。且古学之法逊于新学之法多矣，如兵法中之弓箭与炮相较，其优劣岂待智者而后知哉？苟弃新学之法而不取，尤甚于兵法中之弃炮也，一偏一普，何可同日语也，此新学之所以宜立也。非止此也，人心如镜，愈磨则愈光，不学则无术，学校不立是我国不学，何能敌他国之博学，我国无能，何能敌他国之多能。

　　虽有亿兆之众，朝廷不设拯救之法，一旦有事，恐人生瞻望之心，然则新学之立，顾不宜急乎。且愚于横竖普专之四字而得观国之表焉，苟持此以观人国，其将来之兴衰可预知也。或谓朝廷每岁费数千万银设立学校，岂非伤财害民之事与，曰：非也，此母钱也。他日之所进比今日之所出多也，此其效观西方之德国、东方之日本国，可见凡弃新学之法不用者，其国必日促，亚西亚洲已往之各国，大抵如斯，前有名之波斯国，尚复有谁称道之故？愚不但用心于今学，又于光绪十二年新查英国今学之法，若何又至德法二国，观其今学之法，若何又旁购欧洲各国并美国之新书，以至各国今学之法，若何今年又至日本查其新法夫？愚因资材不足事，亦不暇于各国三学之法，不能详言其事。然天下学校之大略，尚不至晓，试言西国学校之大略，而中国学校之新章宜如何酌定，可对镜而出他国。姑无论请言与中国，常相往来之数国可也，部分班列开卷了然无一，义之不详一法之不备，名曰七国新学备要，以昭中外一体通同之治，俾留心于时事者，得以备知各国新学之要而有所遵循焉，是为序。

(九)《农学新法》小引

五十年来欧洲竞讲农学新法,溯未明新法以前,假如每田一亩可艺粟一斛者,既明新法便可二斛。美洲地脉本肥,既得新法,竟可增至六斛时,则又有各种新式务农机器,从前三人所为之事,既有机器,二人即可优为之,而其口实,除粮食一百分增至一百二十分外,其牧养牛羊以供肉食者,每百分亦增五十七分之多,民安得而不富者。又查欧洲人类,每五六人中有农夫一人,美国亦不相上下。至于泰西田间所种之五谷,以麦为最多,次则油麦,又次则大麦,其余皆杂粮矣。又考美洲禾稼之多,甲于欧洲每年所产,约可值银三千一百兆两,其次则俄罗斯每年值银二千二百兆两,又次则法国每年一千八百余兆两,又次则德国一千七百兆两,又次则奥国一千三百兆两,又次则英国一千兆两,又次则意国八百兆两,又次则西班牙六百七十兆两,下此不计。

泰西农家当年亦全恃粪力,然粪有限而田无尽,且与人相近之田可得多粪,穷乡僻壤其若之何?今有化学所成之物,其形如灰,可以携挈至远道,而将一切地亩遍行浇灌,其利何可胜道。试以验过之地亩,言之无粪之地,约可产谷十二斗者,有粪之地,可产三十二斗,用化学培植之地,可产三十四斗,以此数推于中国,中国每亩之地约计八千万方里,计田三百兆亩,除山林城市而外,可耕之地约得一百五十兆亩,又以每省百县计之,一县约得地八万方里,即得田一百五十万亩,每亩地每年产谷一百斤,约值银一两,若以化学浇壅,可使地加倍增产,则每县非增银一百五十万两乎。一县如此,一省若干,一省如此,十八省若干,一年如此,十年百年若干,此之谓本富。本富而末不强者,未之前闻也。此贝君以化学导中国农夫之苦心也,余既为译而存之,并揭其纲领于首幅世之,君子应亦蹶然起,皇然思矣。

抑更有说者,中国既有腴田可苗多物,若无好路则转运,又恐不灵,考运粮之法,若行陆路三百里,其运脚必照原价加一倍,是产米之地每银二两购米一石者,运至三百里之外,必需银四两矣,近来各国遍筑铁路,有人通盘核算,就铁路以运米,即越三千里之远,比原价不需加倍,若以轮船通水路更远,而至于三万里亦不需加倍原价,此又筹富民者所不可不知也。

(十)《新政策》自序

天下之土地由狭而渐广也,天下之人民由少而渐多也。中国当尧舜之时,禹贡九州之地,古之所谓中原者,约为今之山西直隶山东河南陕西数省,及湖北江苏安徽之半省,其时人民户口之数,虽不可详考,大抵数百万千万而止耳。地大而人少,故国家养民之政,及生民各谋自养之法,皆沛然而有余,及汉唐以来,户口之蕃,增至五六千万,各省或有余或不足,国家于是有赈恤之政而生民患贫患寡不均不平之弊遂生。及至熙朝承天膺运,休养生息,屡朝以宽大为心,乾嘉之间,天下户口总数陡增至四万万,是较汉唐又多八倍矣。人民加多而土地不加辟,则财产物业之数亦毫无所增,向以一人食之二有余者,今以八人食之而必有所不足也,此必然之理也,也不独中国然也,泰西各国莫不然。英国三岛之地,三百年以前户口不足千万,及后生齿日益蕃庶,而四面距海,土地无可扩充,乃不得不广造舟船,通商于美洲非洲印度各处,而商途所辟,彼此均利,贸易大兴,夫远适异国,昔人所悲,英国之民亦岂不欲安居故土哉?地小人众,养赡无资,其轻于远出者情有所不得已也。商旅足迹所经,如美澳非三洲,人稀土沃,不知耕作,英人商于其地者,乃代为开辟垦种,久则安家业而长子孙,以有余补不足,交易而退,各得其所。

人者,天所生也,天既生之,不能不谋所以养之,故今日万国大通,天之道也,仍欲闭关绝市者,逆天者也。此时中国情形,按方里人数,地狭人稠加倍于当日之英国,而咸丰以前,沿习旧法,杜绝外人,致有失和之事。幸赖皇太后圣明,主持于上,恭亲王及各大臣洞达外情,承流宣化于下,和议既定,商埠乃开,内乱旋平,外交益固,海内外之人,喁喁然向风慕义,以为此后交相益,交相养,交相利,遂将永保太平矣。不意癸未甲申以后,忽有人持主战之议广征船礮,增置甲兵,冀以一战张威复嘉道以前之旧制,杀机所召,遂有好战之法国乘之,复有习战之日本继之,弃好从仇,竟酿去年之祸。故战之一字,上逆天心,下逆人心,亦决非皇太后恭亲王当日讲信修睦协和万国之心,不过二三愚人,不学泰西养民之妙法,只讲西国枪炮之势力,欲以挑衅兴戎取功名如反掌耳,今幸皇太后深宫训政,仁覆万方,皇上天纵聪明,博学多能,综贯中外天人之理,恭亲王及各大臣咸洞悉本原,和衷共济,不惟欲中国安,且欲使薄海内外万国之民举安,此心即天心也,此道即天道也,此理即天理也。惟欲使万国举安,必须安中国。

今日中国之要事,莫亟于养民,养民之要事,莫亟于新政,约而徵之,切而指之,在中国皇太后皇上顺天顺人之一心而已矣。然而物有万殊,理归一本,得人则治,惟断乃成。必须罗致各国至明至正之通才,以广行各国已行已验之良法。不及二十载,中国之大富大强,蒸蒸然日兴,隆隆然日上,巍然焕然,为四海万邦一首国。有非今日之意料所能及者功,同操券而效可刻期,薄海内外五大洲中,当有冠世通才,能印证吾言之不谬者。光绪一十一年十一月一十七日李提库太自叙于京都施医院。

(十一)《西铎》自叙

光绪二三年北省旱魃为虐,赤地万里道殣相望,为古今未有之奇灾。余偕同志友数人先往山西堪视,不禁伤心堕泪,缕述灾象,剀劝西人捐资助赈前后裒集白金二十万两,或呈由北洋大臣李傅相委员转解,或交由上海票商陆续汇兑,余与中国协赈晋灾诸君划定郡县,分别散放,直俟后年青黄得接而后,汔可小休。然华民窘迫情形仍日往来于胸中而不能去也,光绪六年拟作《近时要务》一书并《富晋新规》一策,其大旨谓中国内忧外患相逼而来,若不早为之防,恐将无可收拾。及质诸当事者,则曰巨灾幸而得过,若再作忧盛危明语,恐上台之不乐闻也,此十五年前事也。会几何时俄窥于北,法肆于南,越裳氏虽向隶藩封竟折而入于法,与鄙人书中语隐合符节,所谓赐不幸而言中也。

　　哀哉七年前,余薄游日本考察其新立之学校,重回华海拟《救世一要》篇,略言日本学校如林欣欣向荣者,无非更新之气象,中国若不博采良法从速整顿,他日必有出于意外之祸,继以此书呈总理衙门,一大臣亟叹为至理名言,然终不敢闻于朝者,恐一启口而惑溺异端之目,必致指摘交加他事,即尚可见诸施行,亦反缘是而有所扞格也。余为搤腕者久之,旋又以此书呈某大臣,则以中国今无闲款,未能筹不急之新学,对嗟乎嗟乎,承平时筹新学之费而不吝一百万金者,庸讵知事急于然眉糜二万万金,而更须割赠膏腴之地乎乃者日本之难,又将如太空之浮云随风而散,然而痛定思痛,实属危之又危,何况将来之苦趣,更将接踵而起。较日难而又有甚焉者乎? 当《救世一要》之刊行也,同文馆总教习丁冠西先生阅之而叹曰,欲救中国惟兴西学,西学不兴,中国无望,语尤深彻著明。某大臣则于送别之时,殷然垂问教会于人家国究竟有何利益,盖早知教化与政术相维系,而亟欲明其理也,余退而作《救世教益》并《五洲教务》,尚未脱稿。光绪十六年,余以中国待泰西教会未能妥定善章,深恐万一不虞衅起邦交祸延国,是因不辞跋涉,先往武昌,继往金陵,求见两制帅,力言星火可燎平原,杯水无救车薪之险,亟宜思患而预防之,乃一则漠然无动于中,拒而不见,一则诿诸总理衙门而谓权不我属。及《救世教益》书成,呈诸某大臣及某某诸大吏,亦皆无只字见复,殊不知甫越一年,沿江各省闹教之案即哗然并起也。

　　夫中华为秉礼之邦,欧洲各国素皆尊而重之者也,自有此变,于是众皆以华民专与善人仇,昔日盛名忽焉扫地。呜呼,此又谁之咎欤? 去岁至今日祸孔,亟七年前语如在,目前余仍不忍以累次不见听之,故竟效金人之三缄其口,先衷旧作之《时事新论》及新译之《泰西新史揽要》等书校刊问世,又屡与达官贵人相周旋,剀切陈词冀得挽回于万一,今特汇录问答诸语,付之手民噎吾谋适不用矣。尤冀有俯采刍荛者,即是书而深惟中国挫败之故与,夫中西关系之所在。当必有豁然贯通之一侯,夫至豁然贯通之一侯,即中国淳然兴盛千载一时之会也。其名曰《西铎》者,盖取道人以木铎徇于路之意,若云天以西士为木铎也。

索引

后　记

　　读书之人的最大喜悦,莫过于学有所获,学有所思,学有所悟!寒来暑往,春华秋实,终于等到拙著即将付梓,此刻我的心情如释重负,激动之情溢于言表,却又倍感学海无涯,仍需劈波斩浪!

　　拙著是在博士学位论文基础上略加修改而成。感谢导师梅晓娟教授多年的教导、鼓励和支持!我在硕士生学习阶段,就对梅老师的课程《明清来华传教士与西学翻译》特感兴趣,对梅老师的渊博学识和严谨治学甚是敬仰,进而尝试撰写相关主题的学术论文,为后续研究打下了一定的基础。2013年有幸考取梅老师的博士生,高兴之余也诚惶诚恐,毕竟自己整个硕博研究生阶段都是在职学习,没有进行系统性学习,学术素养沉淀不够,又幸赖梅老师不厌其烦地帮我分析专业研究现状和前景,倾囊教授专业前沿知识,并提供了大量宝贵的史料文献,从确定论文选题、拟定提纲、撰写初稿到修改润色,无不得到她的悉心指导!此间在我发表学术论文和申请研究课题的过程中,大到结构框架,小到标点符号,梅老师都不吝赐教,这种敬业精神让我深受感动!"黑发积霜织岁月,粉笔无言写春秋",老师的谆谆教诲,我是永远不会忘记的,这里诚祝老师身体健康、桃李满园!

　　在安徽师范大学历史与社会学院读博三年,承蒙导师组王世华教授、李琳琦教授、庄华峰教授、徐彬教授、肖建新教授和汪效驷教授在专业学习、开题论证和论文写作等环节中的培养、提携和关心,让我受益匪浅,特致谢忱!感谢安徽师范大学外国语学院张德让教授在论文写作方面提供的众多资料、有益建议和无私帮助！另外安徽大学周晓光教授和苏州大学余同元教授对拙文提出了诸多中肯的修改意见,在此郑重致谢！同时感谢同门学友刘丽、陈爱如、李永卉、孙黎丽、高翔、鲍琴和孟颖佼等同学,他们在学习和生活中都给了我许多鼓舞和帮助,使我倍感这个集体的温暖！

感谢工作单位铜陵学院为我提供了难得的在职读博机会和良好的学习条件,尤其感谢外国语学院的领导和同事们对我的照顾,为我分担了大量的教学任务！感谢安徽省高校优秀青年人才支持计划重点项目和铜陵学陵人才科研启动基金项目的资助！感谢南京大学出版社张淑文女士的大力支持和帮助！

家庭,永远是我前进的动力！特别感激父母、岳父母在我多年外地学习期间的辛苦付出,为了支持我求学深造的梦想,他们毫不犹豫地承担了繁多的家务重担,排解了我的后顾之忧！感谢妻子陈娟一路鼓励我前行！感谢小女张文锦的聪明懂事,让我在学习疲倦之余深感欣慰！他们给了我不断奋斗的激情和力量,而我惟有不断进取,用爱回报！

张 涌
2018 年 5 月 20 日

图书在版编目(CIP)数据

李提摩太西学著译研究 / 张涌著. --南京:南京大学出版社,2018.6
ISBN 978-7-305-19416-0

Ⅰ.①李… Ⅱ.①张… Ⅲ.①李提摩太(Richard, Timothy 1845-1919)–著作研究 Ⅳ.①B979.956.1

中国版本图书馆 CIP 数据核字 (2017) 第 241979 号

出版发行	南京大学出版社		
社 址	南京市汉口路 22 号	邮编	210093
出 版 人	金鑫荣		

书 名	**李提摩太西学著译研究**	
著 者	张涌	
责任编辑	张淑文	编辑热线 025－83592401

印 刷 虎彩印艺股份有限公司
开 本 718×960 1/16 印张 13.5 字数 201 千
版 次 2018 年 6 月第 1 版 2018 年 6 月第 1 次印刷
ISBN 978-7-305-19416-0
定 价 70.00 元

网址:www.njupco.com
官方微博:http://weibo.com/njupco
销售咨询热线:(025)83594756